Das Kamel, der Löwe und das Kind
Stadien unserer spirituellen Reise

Reihe
Ein Kurs in Wundern in der Praxis
Band 6

In der Reihe
»*Ein Kurs in Wundern* in der Praxis«
sind vom selben Autor bereits erschienen:

*Den Widerstand aufgeben –
die Liebe annehmen*

Die heilende Kraft der Güte

Güte – die Vergebung unserer Begrenzungen

Eltern und Kinder – lassen und gelassen sein

Unter dem Bogen der Vergebung

Weitere Bände sind in Vorbereitung.

Kenneth Wapnick

Das Kamel, der Löwe und das Kind

Stadien unserer spirituellen Reise

Ein Kurs in Wundern in der Praxis

Greuthof

Das Kamel, der Löwe und das Kind
Stadien unserer spirituellen Reise
Titel der Originalausgabe:
The Stages of Our Spiritual Journey

Übersetzt von Margarethe Randow-Tesch
Lektoriert von Gerhard Juckoff
Umschlagfoto: Simon, Sahara
Gestaltung: Simon

1. Auflage 2014
Greuthof Verlag und Vertrieb GmbH

ISBN 978-3-923662-82-1
Satz: BIG GmbH, Zürich

Print CO2 kompensiert

Dieses Buch wurde klimaneutral produziert und
auf zertifiziertem Papier aus nachhaltiger
Bewirtschaftung der Wälder gedruckt.

FSC www.fsc.org MIX Papier aus verantwortungsvollen Quellen FSC® C106847

Einzelexemplare dieses Buches können ganz einfach
direkt beim Verlag bezogen werden:

Greuthof Verlag und Vertrieb GmbH
Kybfelsenstr. 41 · D-79100 Freiburg
Tel. 0761-388 45 996 · Fax 0761-388 45 997
mail@greuthof.de · www.greuthof.de

Inhalt

Vorwort

Den Rahmen für die Erörterungen in diesem Buch bildet Friedrich Nietzsches brillante Parabel »Von den drei Verwandlungen«, die im Anhang abgedruckt ist. Darauf werde ich in den einleitenden Kapiteln genauer eingehen.

Während in *Ein Kurs in Wundern* das nichtdualistische Wesen der Wirklichkeit betont wird, die unendlich und ewig ist und jenseits unserer Erfahrungskategorien von Raum und Zeit (den beiden Seiten der Egoillusion der Trennung – T-26. VIII.1:3-5*) liegt, werden wir gleichzeitig gelehrt, dass unsere spirituelle Reise ein *Prozess* ist, der sich in der Zeit vollzieht. Wir gehen nicht unmittelbar von der Illusion zur Wahrheit, sondern müssen »kleine Schritte« machen (Ü-I.193.13:7), die uns zu unserem Ziel führen. Diese Schritte bilden die Stadien unseres spirituellen Weges, und der Abschnitt »Von den drei Verwandlungen« aus Nietzsches *Also sprach Zarathustra* bietet ein höchst hilfreiches Mittel, die Reise begrifflich zu umreißen. Ich hoffe,

* Hinweise zum Lesen der Zitatangaben siehe S. 178

dass dieses Buch Kursschüler dabei unterstützt, den Prozess der Vergebung, wie er sich in ihrem Leben ausdrückt, umfassender zu verstehen, und dass es eine Quelle der Ermutigung und Hoffnung sein möge, während sie darum ringen, ihre Identifikation mit dem Egodenksystem der Trennung und Besonderheit aufzuheben.

Wie bei den anderen Bänden dieser Reihe auch haben wir die Abschrift des ursprünglichen Seminars redigiert, um sie lesefreundlicher zu gestalten. Fragen und Antworten wurden herausgenommen oder umformuliert und in den allgemeinen Fluss der Erörterung eingefügt. Insgesamt aber haben wir uns bemüht, den relativ informellen Charakter des Seminars zu wahren.

Zusätzlich zu Nietzsches Parabel »Von den drei Verwandlungen« sind im Anhang zwei weitere Texte abgedruckt, auf die ich mich beziehe: Helen Schucmans Gedicht »Jesusgebet«* und der Abschnitt »Die Entwicklung des Vertrauens« (H-4.I.3-7) aus dem Handbuch für Lehrer, in dem Jesus die sechs Entwicklungsstadien der fortgeschrittenen Lehrer GOTTES darstellt.

* Helen Schucman, *Die Gaben Gottes*, Greuthof Verlag, 2003, S. 78.

Danksagung

Ich bin Rosemarie LoSasso, der Herausgeberin der Bücher und Audiosets unserer Foundation, außerordentlich dankbar für ihre unschätzbare Hilfe bei der Erstellung des Manuskripts aus der Seminarabschrift und für ihre umsichtige Mitarbeit beim Entstehungsprozess des Buches.

Auch diesmal wieder waren die Vorschläge, die meine Frau Gloria beim Lesen des Manuskripts machte, höchst hilfreich. Sie sind ein Ausdruck ihrer immerwährenden Inspiration für mein Leben und mein Werk. Meine Liebe und Dankbarkeit ihr gegenüber sind grenzenlos und reichen bis zum Himmel.

1

Einleitung: Friedrich Nietzsche

Gegenstand dieses Buches sind die Stadien unseres spirituellen Weges. Den Rahmen bildet ein Ausschnitt aus dem Werk von Friedrich Nietzsche, genauer gesagt die Parabel »Von den drei Verwandlungen« aus seinem Meisterwerk *Also sprach Zarathustra**. Dafür gibt es zwei Gründe: Der erste ist persönlicher Natur. Ich habe von jeher Nietzsches brillante Einsichten und seinen literarischen Stil geschätzt, und dies ist ein willkommener Anlass, auf ihn und sein Werk einzugehen. Der zweite und wichtigere Grund ist, dass seine wunderbare Parabel eine prägnante Zusammenfassung der Stadien der spirituellen Reise ist, die, wie wir im Folgenden sehen werden, eine Parallele zu dem bildet, was *Ein Kurs in Wundern* lehrt. Überdies ist es für Kursschüler hilfreich, eine gewisse Vorstellung vom intellektuellen Kontext zu haben, in dem der Kurs psychologisch, philosophisch und spiri-

* Friedrich Nietzsche, *Werke in sechs Bänden*, Bd. 3, Hanser Verlag, München 1980, S. 24.

tuell angesiedelt ist. Für Menschen, die am Kurs interessiert sind, kann es erhellend sein, Ideen kennenzulernen, die lange vor seinem Erscheinen zu Papier gebracht wurden, und festzustellen, dass einige der Einsichten schon Jahrtausende alt sind. *Ein Kurs in Wundern* kam also nicht aus dem Nichts, er gehört intellektuell in eine lange Tradition, zu der einige berühmte Denker zählen. Wer mit den Kursprinzipien vertraut ist und Nietzsche liest, wird erstaunt sein, welche Perlen der Weisheit man bei diesem Genie aus dem 19. Jahrhundert entdecken kann.

Freud sagte von Nietzsche, er habe eine größere Selbsterkenntnis gehabt als je ein Mensch vor oder nach ihm – eine bemerkenswerte Aussage vom Vater der Psychoanalyse. Tatsächlich begann Nietzsche (1844 – 1900) sein Werk mit einer Selbstanalyse. Der zwölf Jahre jüngere Freud beschäftigte sich als junger Mann mit Nietzsches Schriften, beschloss dann aber, nichts mehr von ihm zu lesen, weil Nietzsche seinen Worten nach »überreich« war. Freud war bewusst, dass Nietzsche ebendie Dinge aussprach, die er anfangs nur intuitiv erahnte. Freud erkannte auch, wie wichtig es war, dass er eigenständig zu ähnlichen Schlussfolgerungen gelangte. Auf diese Weise konnte er seine Wissenschaft von der Psychoanalyse begründen. Er glaubte, eine eingehende Beschäftigung mit Nietzsche würde ihn bei diesem Prozess behindern. Während er Nietzsche also hohe Achtung zollte, wie aus der obigen Bemerkung hervorgeht, beschäftigte er sich nicht wirklich gründlich mit ihm. Interessanterweise waren Nietzsche mehrere Sitzungen auf einer 1907 oder 1908 abgehaltenen psychoanalytischen Tagung gewidmet, und bei dieser Gelegenheit machte Freud die obige Bemerkung über seinen Vordenker.

Einer der psychoanalytischen Schlüsselbegriffe, das *Es*, Freuds Begriff für das Unbewusste, stammt von Nietzsche (indirekt an Freud vermittelt durch seinen jüngeren Kollegen Georg Groddeck). Nietzsche beschreibt das Unbewusste in seinen Schriften auf dieselbe Weise wie Freud – als wild, ungezügelt und dennoch als Kraft von ungeheurer Bedeutung für unser Leben.

Nietzsches Einfluss war ungewöhnlich groß, nicht nur auf Freud, sondern auch auf viele andere Intellektuelle. Man könnte ihn sogar den Vater des Existenzialismus nennen. Von ihm stammt der berühmte Satz »Gott ist tot«, der in den 1960er- und 1970er-Jahren kursierte und der bis zu einem gewissen Grad noch heute populär ist.

Lassen Sie mich abschließend einen kurzen Abriss von Nietzsches Leben geben.* Nietzsche wurde 1844 geboren. Sein Vater entstammte einer Familie, zu deren Vorfahren viele protestantische Geistliche gehörten. Er starb 1849, als Nietzsche fünf Jahre alt war. Der Einfluss seines Vaters war dennoch stark. Nietzsche besuchte eine strenge Privatschule und war als Kind tief religiös; er

* Für die deutsche Ausgabe mit einigen biografischen Ergänzungen versehen (Anm. d. Übers.).

war ein braver Junge, ein gehorsames Kind, das alles tat, was man von ihm verlangte. Es gibt eine Anekdote, die diese Eigenschaft des unbedingten Gehorsams belegt, die in einem auffälligen Gegensatz zu seiner späteren Bilderstürmerei steht. Man hatte den Kindern aufgetragen, auf dem Schulweg langsam und gemessenen Schrittes zu gehen. Als einmal ein Gewitter aufzog, verhielt sich der kleine Friedrich auf dem Heimweg so, wie man es ihm beigebracht hatte: Er lief nicht schneller als sonst und stellte sich nirgends unter, sodass er, zu Hause angekommen, völlig durchnässt war.

Nietzsche lebte zusammen mit seiner Schwester in einem reinen Frauenhaushalt und wurde von seiner Mutter und zwei Tanten aufgezogen. Er besuchte zunächst das Domgymnasium in Naumburg und wechselte aufgrund seiner herausragenden Begabung als Stipendiat nach Schulpforta, einer der drei großen sächsischen Landesschulen. Im Wintersemester 1864/65 begann er an der Universität Bonn Theologie und klassische Philologie zu studieren. Doch schon nach einem Semester wandte er sich von der Theologie ab und wechselte nach Leipzig, wo er sich ganz der klassischen Philologie widmete. Später übte er eine lautstarke, wenn nicht gar radikale Kritik am Christentum wie auch an allen anderen institutionalisierten Religionen. Seiner Meinung nach untergrub das Christentum die Moral der Menschen und hielt sie in der Minderwertigkeit fest. Er sagte einmal, Priester seien schwache Menschen, die noch schwächere Menschen führten.

Nietzsche war ein Meister der deutschen Sprache. Walter Kaufmann, ein großer Nietzsche-Gelehrter, der ihn auch ins Englische übersetzte, sagte von ihm, er sei mit und seit Platon einer der wenigen Philosophen, die viele intelligente Menschen rein zum Vergnügen läsen, anders beispielsweise als Philosophen wie Aristoteles, Hegel oder Kant. Nietzsche bevorzugte einen aphoristischen Stil: In seinen Schriften wimmelt es von Sinnsprüchen, Sprichwörtern, Fabeln, Parabeln und Geschichten. Das macht ihn für Leser leicht zugänglich, denn sie müssen sich nicht erst durch eine Menge intellektuellen Stoff hindurcharbeiten, etwas, was Nietzsche verabscheute. Aus diesem Grund galt Nietzsche in vielen akademischen Kreisen nicht als Philosoph im üblichen Sinn.

Noch vor Abschluss seiner Promotion im Alter von 24 Jahren, was zur damaligen Zeit sehr früh war, wurde Nietzsche 1869 als Professor auf den Lehrstuhl für Philologie an die Universität Basel berufen. In Leipzig hatte er 1868 bereits den großen Komponisten Richard Wagner kennengelernt, zu dem er eine enge Beziehung entwickelte. Wagner war genauso alt wie sein Vater und fungierte für ihn etwa zehn Jahre lang als eine Art Vaterersatz. Nietzsche war ein großer Liebhaber der Musikdramen des Komponisten. Es sei angemerkt, dass er als Student und auch später noch selber etliche Stücke komponierte. Er achtete Wagner sehr und betrachtete ihn als Hoffnungsträger der deutschen Kultur, eine Einschätzung, die er später revidierte.

Nietzsches erstes größeres Werk war ein höchst einflussreiches Buch mit dem Titel *Die Geburt der Tragödie aus dem Geiste der Musik* (1872), das bei seinen Fachkollegen zunächst auf vehemente Ablehnung stieß. Darin behandelte er die Tragödie als Kunstform und beklagte, dass die alten Griechen, darunter Sokrates und Platon, irgendwann zu rational geworden seien und die emotionale Seite des Lebens vernachlässigt hätten. Nietzsche führte das Begriffspaar des Apollinischen und des Dionysischen ein, eine Unterscheidung, die latent schon im Werk Friedrich Schillers angelegt ist. Das Apollinische steht für das Intellektuelle und Rationale, während das Dionysische das Impulsive und Emotionale darstellt. In Nietzsches Augen hatten sich die Griechen irgendwann zu sehr dem Apollinischen zugewandt. Wagner hingegen war für ihn ein Beispiel für das Dionysische; er hatte die Tragödie wieder zum Leben erweckt, indem er ihr die Emotionalität zurückgab.

Als Nietzsche etwa dreißig Jahre alt war, kam es zum Bruch mit Wagner. Nietzsche begründete diesen teilweise damit, dass sein früherer Mentor sich ans Christentum verkauft habe. Das stimmte zwar nicht, aber Nietzsche sah es so. In Wirklichkeit war die Entfremdung eher psychologisch motiviert. Wagner duldete nur ein einziges Genie in seiner Umgebung, sich selbst, sodass kein Platz für seinen intellektuell frühreifen jungen Schützling blieb. Der Gedanke, dass sein brillanter »Sohn« ebenso brillant oder sogar noch brillanter sein könnte als er, war für Wagner unerträglich. Deshalb musste Nietzsche dieser Umgebung, die ihn zu ersticken drohte, entrinnen. Doch auch wenn er mit Wagner brach, hörte er bis zu seinem Lebensende nicht auf, über ihn zu schreiben – positiv wie auch negativ. Er blieb bis zuletzt ein Verehrer der Wagnerschen Musik.

Nietzsche war ein kränklicher Mann; seine angegriffene Gesundheit und seine andauernden großen Schmerzen zwangen ihn schließlich, sich 1879 vorzeitig pensionieren zu lassen. Seit seiner Kindheit litt er unter schweren Migräneanfällen und Sehstörungen. Deshalb empfahlen ihm seine Ärzte eindringlich, am Tag höchstens eine Stunde zu lesen oder zu schreiben, wenn überhaupt. Er arbeitete jedoch gewöhnlich neun bis zehn Stunden täglich und nahm dafür große Beschwerden in Kauf.

In *Also sprach Zarathustra** erläutert sein Protagonist Zarathustra, wie wichtig es ist, das eigene Leiden nicht zu verleugnen, denn daraus erwächst die Motivation, es zu überwinden. Natürlich ist Zarathustra Nietzsches Alter Ego, sein Sprachrohr sozusagen.

Zu Nietzsches weiteren Werken gehören unter anderem *Jenseits von Gut und Böse* (1886), *Die Genealogie der Moral* (1887) und *Der Fall Wagner* (1888). In seinem letzten Buch *Ecce Homo*, das 1888 entstand, aber erst 1908 postum erschien, nahm er noch einmal auf all seine Werke Bezug. Der lateinische Titel

* Friedrich Nietzsche, *Werke in sechs Bänden*, a.a.O.

ist den Worten entlehnt, die Pontius Pilatus dem Johannesevangelium zufolge sagte, als er Jesus vor der Kreuzigung dem Volk vorführte: »Sehet, das ist der Mensch! – Ecce homo.« Da Nietzsche nicht viel von Jesus hielt, auf jeden Fall nicht von der biblischen Figur, drückte dieser Titel wohl aus, dass nicht Jesus der Mensch war, sondern *er*, Nietzsche.

1889 brach Nietzsche in Turin auf der Straße zusammen und verfiel dem Wahnsinn. Die letzten elf Jahre seines Lebens verbrachte er in völliger Untätigkeit. Er lebte bei seiner Mutter und wurde nach ihrem Tod von seiner Schwester Elisabeth weitergepflegt bis zu seinem Tode 1900 im Alter von 55 Jahren. Man hat viele Theorien über seine geistige Umnachtung aufgestellt. Die Ursache, die Wissenschaftler für am plausibelsten halten, ist eine Syphilis, die er sich vermutlich als Student bei einem seltenen (wenn nicht gar dem einzigen) Bordellbesuch zuzog. Die unbehandelte Krankheit entwickelte sich schleichend über viele Jahre und forderte schließlich 1889 ihren Tribut in Form seiner geistigen Zerrüttung.

Seine Schwester Elisabeth Förster spielte eine wichtige Rolle in der öffentlichen Wahrnehmung Nietzsches. Als Proto-Nationalsozialistin (sie war eine frühe Verfechterin rassistischer und antisemitischer Gedanken) heiratete sie einen Mann, der ihre Gesinnung aktiv teilte. Sie glaubte an die Überlegenheit der »Arier« und benutzte das Werk ihres Bruders zur Untermauerung ihrer Überzeugung von einer Herrenrasse. Ein Großteil der gravierenden Missverständnisse, denen Nietzsches Werk ausgesetzt war, ist ihr zuzuschreiben. Vermutlich liegt darin auch der Grund dafür, dass Nietzsche von den Nazis vereinnahmt wurde, die ihn für einen Vertreter ihrer Ideen hielten. In Wirklichkeit verstanden sie ihn völlig falsch, was weitgehend auf Elisabeth Försters Konto geht, die seine Werke nach seinem geistigen Verfall redigierte und eine Reihe seiner zentralen Gedanken fälschte. Als Nachlassverwalterin entschied sie darüber, was publiziert wurde. Sie entfernte Stellen, die ihr nicht gefielen, und ließ nur das stehen, was ihr ins Konzept passte.

Erst als man viele Jahre später nach dem Zweiten Weltkrieg Einblick in die ursprünglichen Manuskripte nehmen konnte, stellte sich heraus, dass Nietzsche nicht das geschrieben hatte, was seine Schwester behauptete. Der »Übermensch« beispielsweise, ein Schlüsselbegriff in *Also sprach Zarathustra,* ist vergleichbar mit dem, was im Kurs ein »fortgeschrittener Lehrer GOTTES«* genannt wird. Es handelt sich um jemanden, dem es gelingt, sich über das Tier- und Menschenreich zu erheben und den Körper zu transzendieren. Nietzsche meinte dies nicht im Sinne des Kurses als Einsicht in die Illusionshaftigkeit des Körperlichen, sondern eher in dem Sinne, dass der »Übermensch« über den Dingen steht und nicht mehr an die Sitten und Werte der Welt gebunden ist. Seine Schwester interpretierte diesen höchst wichtigen Begriff im Sinne von

* Siehe zum Beispiel H-4.1:6; 2:2, H-4.VI.1:6, H-16.1:1; 9:5.

Macht, was der Nazidoktrin vom Herrenmenschen oder der Herrenrasse entgegenkam. Auch in den ersten englischen Übersetzungen von Nietzsches Werken wurde »Übermensch« als *superman* übersetzt. Doch es ist ganz offensichtlich, was Nietzsche wirklich meinte, denn er spielte mit dem Begriffspaar *über* und *unter*. Am Anfang des *Zarathustra* benutzte er beispielsweise »*Unter*gang« und »*unter*gehen« als Synonym für »in die Welt gehen«.

Ein weiterer wichtiger Begriff in Nietzsches Denken ist »der Wille zur Macht«. Damit meinte er spirituelle Macht: Wir werden zu dem, was als Potenzial in uns steckt – zum Übermenschen. Doch wieder wurde eine zentrale Vorstellung in Nietzsches Denken von Elisabeth Förster biologistisch und militaristisch als Überlegenheit im körperlichen Sinne ausgelegt und anschließend von den Nazis fast wie ein Slogan gebraucht. Die negativen Bewertungen, die Nietzsche erfahren hat, wurzeln oft in solchen Fehlinterpretationen. Alles, was dieser große Denker schrieb, muss jedoch in einem spirituellen Kontext verstanden werden. Das wird im Anschluss noch deutlicher, wenn wir seinen Text »Von den drei Verwandlungen« behandeln.

Nietzsches Werk erschien anfangs nur in einer kleinen Auflage und wurde erst nach seinem Tode umfassend gewürdigt. Zu den Dichtern, Denkern und Künstlern, die in der Zeit vor und nach dem Ersten Weltkrieg von ihm beeinflusst waren, gehören unter anderem Stefan Zweig, Thomas Mann, Sigmund Freud und C.G. Jung.

2

Die spirituellen Stadien

Wir wenden uns nun Nietzsches vielleicht bekanntestem Werk *Also sprach Zarathustra* zu, in dem die Parabel »Von den drei Verwandlungen« enthalten ist. Zarathustra war ein großer persischer Visionär und Prophet (ca. 628 – 551 v. Chr.). Seine Lehren waren in Kleinasien bis etwa 650 n. Chr. sehr verbreitet und haben auch heute noch Tausende von Anhängern in Indien und anderswo in Asien. Man weiß nicht viel über ihn, außer dass er den Zoroastrismus begründete (Zoroaster ist griechisch für Zarathustra), eines der ausgeprägtesten dualistischen Systeme der Welt, dem zufolge sowohl das Gute als auch das Böse in der Welt wirklich sind, wobei nach Zarathustra das Gute am Ende siegen wird. Das entsprach nicht wirklich Nietzsches Philosophie, aber er wünschte sich eine altehrwürdige spirituelle Gestalt als Protagonisten für sein Werk. Wie schon erwähnt, hielt Nietzsche nicht viel von Jesus. Er betrachtete ihn als Versager, der viel zu früh gestorben war, um irgendetwas zu bewirken. Überdies gefiel ihm nicht, was das Christentum aus Jesus gemacht hatte. Zarathustra war daher eine ihm nähere und passendere Gestalt. *Also sprach Zarathustra* besteht aus vier Teilen. Die ersten drei entstanden innerhalb eines Jahres, wobei jeder Teil in einem regelrechten Schaffensrausch in etwa zehn Tagen zu Papier gebracht wurde. Sie erschienen 1883 und 1884. Der vierte wurde 1885 fertiggestellt, aber erst 1892 publiziert.

Als Auftakt zu der Parabel »Von den drei Verwandlungen« möchte ich einige ausgewählte Stellen aus *Also sprach Zarathustra* kommentieren, die uns einen Eindruck von den Einsichten geben, die Nietzsche mit dem Kurs teilt, und daher einen geeigneten Hintergrund für unsere Erörterungen bilden:*

... so ihr aber einen Feind habt, so vergeltet ihm nicht Böses mit Gutem: denn das würde ihn beschämen, sondern beweist, dass er euch etwas Gutes angetan hat (S. 330).

Diese Aussage können wir mithilfe des Abschnitts »Die Berichtigung von Fehlern« (T-9.III) aus dem Textbuch beleuchten. Nietzsche lehrt, dass wir unseren Bruder nicht ins Unrecht setzen sollen, selbst wenn er aus weltlicher Sicht unrecht hat. Stattdessen sollen wir ihm zeigen, dass er uns etwas Gutes erwiesen hat. Wie wir aus dem Studium des

* Die Seitenangaben sämtlicher Zitate aus *Also sprach Zarathustra* beziehen sich auf die genannte Ausgabe: Friedrich Nietzsche, *Werke in sechs Bänden*, Bd. 3, a.a.O. (Orthografie an die heutige Rechtschreibung angepasst).

Kurses wissen, besteht das Gute natürlich darin, dass alles, was jemand getan oder unterlassen hat, für uns eine Gelegenheit darstellt, uns selbst zu vergeben. *Das* ist das Gute. Wenn uns jemand angreift oder beleidigt, sollen wir es ihm weder mit Bösem noch das wahrgenommene Böse mit Gutem vergelten. Stattdessen sollen wir uns entscheiden, ihm zu zeigen, dass er recht hat, weil er ein SOHN GOTTES ist so wie wir auch. Auf diese Weise wird sein wahrgenommener Angriff auf uns zum Vehikel, um uns diesen glücklichen Umstand bewusst zu machen.

Kurz danach sagt Zarathustra:

Vornehmer ist's, sich unrecht zu geben als recht zu behalten, sonderlich, wenn man recht hat. Nur muss man reich genug dazu sein (S. 331).

Mit anderen Worten: Wir müssen reich in uns selbst sein (also unsere Ganzheit kennen), um sagen zu können, dass wir unrecht hatten, selbst wenn wir in einer bestimmten Sache recht haben. Das erinnert an den bekannten Satz im Kurs:

> Willst du lieber recht haben oder glücklich sein? (T-29.VII.1:9)

Weiter vorn im *Zarathustra* findet sich eine ganz und gar erstaunliche Stelle, die eine direkte Parallele in der Lehre des Kurses hat, sich »über das Schlachtfeld« zu erheben (T-23.IV). Das heißt, dass wir in unseren Geist zurückkehren und zusammen mit Jesus oder dem HEILIGEN GEIST auf die Welt zurückschauen. Von diesem Punkt aus betrachten wir sie dann anders. Nietzsches Sprachrohr Zarathustra lehrt:

Ich empfinde nicht mehr mit euch: Diese Wolke, die ich unter mir sehe, diese Schwärze und Schwere, über die ich lache – gerade das ist eure Gewitterwolke.

Ihr seht nach oben, wenn ihr nach Erhebung verlangt. Und ich sehe hinab, weil ich erhoben bin. Wer von euch kann zugleich lachen und erhoben sein? Wer auf den höchsten Bergen steigt, der lacht über alle Trauer-Spiele und Trauer-Ernste (S. 306).

Zarathustra macht seinen Zuhörern klar: Auch wenn sie die Welt vielleicht wie eine bedrohliche Gewitterwolke wahrnehmen, verdient sie von dem Standpunkt aus, wo er steht – über der Wolke –, nur Lachen. Obwohl die Worte hier andere sind, ist die inhaltliche Parallele zu der Kursstelle »Über dem Schlachtfeld« unübersehbar. Das heißt: Wenn wir uns nicht auf die Ebene des Geistes begeben, wo Jesus ist, und uns stattdessen mit der Welt und mit dem Egodenksystem der Trennung und des Körpers identifizieren, nehmen wir die Angelegenheiten hier sehr ernst. Erst wenn wir über den Wolken stehen und hinabschauen, wird uns klar, dass nichts hier ist, wie es zu sein scheint. Dann können wir über die »Trauer-Spiele und Trauer-

Ernste« lachen. In Nietzsches Werk wimmelt es von dieser Art von Einsichten, weshalb Freud die eingangs erwähnte Bemerkung machte und Nietzsche der Lieblingsphilosoph so vieler Menschen ist, von Fachleuten und Laien zugleich.

Wie es auch für Nietzsches andere Werke gilt, ist *Also sprach Zarathustra* keine philosophische Abhandlung. Es beginnt mit einem Prolog, in dem die Rahmenhandlung dargelegt wird. Zarathustra geht im Alter von dreißig Jahren ins Gebirge und lebt zehn Jahre in der Einsamkeit. Dort erlangt er viele seiner Einsichten. Im Übrigen ist Zarathustra, obwohl spirituell fortgeschritten, kein Erleuchteter. Er weiß zweifellos sehr viel mehr als die meisten Menschen, aber er hat nicht die höchste spirituelle Vollendung erreicht. Er könnte also mit einem fortgeschrittenen Lehrer GOTTES verglichen werden (siehe S. 19). Auch das zeigt uns, wo Nietzsche von seiner Entwicklung her stand.

Nach seiner Rückkehr in die Welt beginnt Zarathustra den *Übermenschen* zu lehren, Nietzsches Bezeichnung für einen Erleuchteten. Im Laufe seiner Wanderung begegnet Zarathustra einem Seiltänzer, der vom Seil fällt, stirbt und einfach liegen gelassen wird. Zarathustra hält es für seine Pflicht, ihn viele Meilen weit zu tragen, um ihm ein angemessenes Begräbnis zu geben. Er bestattet ihn schließlich in einem hohlen Baum und sagt: »Ein Licht ging mir auf: Gefährten brauche ich, und lebendige – nicht tote Gefährten und Leichname, die ich mit mir trage, wohin ich will« (S. 289). Zarathustra drückt damit symbolisch aus, dass es darum geht, in der Gegenwart zu leben und nicht die Vergangenheit mit sich herumzutragen, für die symbolisch die Toten stehen, was eine Parallele zu den folgenden Sätzen aus dem Übungsbuch bildet:

> Sei heute still und höre auf die Wahrheit. Lass dich nicht durch die Stimmen von Toten täuschen, die dir sagen, dass sie die Quelle des Lebens fanden, und sie dir anbieten, damit du daran glaubest. Achte nicht auf sie, sondern höre auf die Wahrheit (Ü-I.106.2:2-4).

Zarathustra zieht anschließend in eine andere Stadt weiter, womit der Prolog endet, und verkündet dort seine Lehre von den drei Verwandlungen. Das bildet den Hintergrund für das übrige Buch, das insgesamt aus vier Teilen besteht. Nietzsche bezieht sich immer wieder auf diese drei Stadien des spirituellen Lebens.

Ich werde sie kurz beschreiben und anschließend Satz für Satz kommentieren, wobei ich die Ähnlichkeit jedes Stadiums mit den Lehren des Kurses herausarbeiten möchte. Die drei Stadien sind: das *Kamel*, der *Löwe* und das *Kind*.

Das *Kamel*, der Anfang des Weges, zeichnet nach, was es heißt, in der Welt heranzuwachsen. Nietzsche macht deutlich, dass man kein Löwe, geschweige denn ein Kind werden kann, ohne zuerst ein Kamel zu sein. Das heißt, dass man lernen muss, in der Welt zurechtzukommen.

Das nächste Stadium ist der *Löwe*. Dieser merkt, dass alles, was die Welt lehrt, falsch ist. Das Stadium des Löwen – das in etwa Nietzsches Stadium entspricht – besteht darin, die Falschheit der Welt zu sehen und es sie wissen zu lassen, also Nein zur Welt zu sagen. Dann macht Zarathustra deutlich, dass auch das nicht das Ende des Weges ist, denn es bedarf noch des letzten schöpferischen Jas.

Dafür ist das *Kind* notwendig. Für Nietzsche ist es das Symbol der Unschuld, die Entsprechung zu dem KIND in uns in Übungsbuchlektion 182, das nach Hause gehen will. Es ist nicht das Bild des Kindes, das Jesus gewöhnlich im Kurs zeichnet, wenn er uns kleine Kinder nennt, die nichts wissen. Für Nietzsche symbolisiert das Kind die Unschuld und den Neubeginn. Es ist die Schau, die Jesus für uns bereithält, wenn wir glücklich über die Dunkelheit unseres Ego hinaus in das Licht der Vergebung gegangen sind.

3

Das erste Stadium: das Kamel

Im Folgenden spricht Nietzsche über den gespaltenen Geist (den Entscheider) und dessen Weg.

Drei Verwandlungen nenne ich euch des Geistes: wie der Geist zum Kamele wird, und zum Löwen das Kamel, und zum Kinde zuletzt der Löwe.*

Das sind die bereits genannten drei Stadien. Wir können diese Stadien und die sechs Phasen der »Entwicklung des Vertrauens«, wie sie im Handbuch für Lehrer dargestellt werden (H-4.1), grob gleichsetzen, nur dass die ersten vier Phasen im Kurs sich auf den Löwen und nicht auf das Kamel beziehen. Nirgendwo im Kurs wird auf das Kamel eingegangen, aus Gründen, die ich in Kürze erläutern werde. Helens Gedicht »Jesusgebet«**, das mit den Zeilen »Ein Kind, ein Mann und dann ein reiner Geist« beginnt, entspricht in etwa den Stadien, von denen Nietzsche spricht. Das Kind in ihrem Gedicht ist identisch mit dem Kamel, der

* Der fortlaufende Text ist im Anhang S. 167 ff. abgedruckt.
** Helen Schucman, *Die Gaben Gottes*, a.a.O.

Mann mit dem Löwen, und der reine Geist wäre mit Nietzsches Kind vergleichbar.

Vieles Schwere gibt es dem Geiste, dem starken, tragsamen Geiste, dem Ehrfurcht innewohnt: Nach dem Schweren und Schwersten verlangt seine Stärke.

Nietzsche will sagen, dass uns auf dem Weg manche Schwierigkeit erwartet. Wie wir durch das Studium des Kurses wissen, werden wir aufgefordert, das Ego loszulassen. Das ist »das Schwere und Schwerste«, weil wir uns so sehr dagegen wehren, ohne unsere Besonderheit zu sein.

Hier folgt nun das erste Stadium. Ich will es in Nietzsches Begriffen darlegen und anschließend erörtern, was es für unsere Arbeit mit dem Kurs bedeutet und impliziert.

Was ist schwer? so fragt der tragsame Geist, so kniet er nieder, dem Kamele gleich, und will gut beladen sein. Was ist das Schwerste, ihr Helden? so fragt der tragsame Geist, dass ich es auf mich nehme und meiner Stärke froh werde. Ist es nicht das: sich erniedrigen, um seinem Hochmut wehe zu tun? Seine Torheit leuchten lassen, um seiner Weisheit zu spotten?

Nietzsche spricht hier den höchst wichtigen Gedanken der Demut an: »sich erniedrigen, um seinem Hochmut wehe zu tun«. Hochmut ist ein

Phänomen, das bei Jugendlichen und jungen Erwachsenen fast universell verbreitet ist. Sie meinen, sie wüssten alles und die Welt könne sie nichts lehren. Denken wir an den berühmten Spruch der 68er-Generation: »Trau keinem über dreißig«, denn angeblich war deren Wissen schon überholt. Zarathustra sagt, dass man sich erniedrigen muss, um lernen zu können. »Seine Torheit leuchten lassen, um seiner Weisheit zu spotten« heißt begreifen, wie töricht unser Denken und unser Leben ist – wie sehr wir nicht wissen –, was dann letztlich dazu führt, dass wir über das spotten, was wir für unsere Weisheit halten: Da angeblich niemand über dreißig noch etwas von Belang zu sagen hat, ist es Zeitverschwendung, Schriften solcher Menschen zu lesen. Philosophen, Psychologen, Theologen und dergleichen mehr sind nichts weiter als muffige Gestrige und haben keine Ahnung davon, wie die Welt wirklich ist. Was Zarathustras Worte eindeutig beinhalten, ist dies: Wenn wir nicht lernen, innerhalb des Egodenksystems zurechtzukommen, wenn wir uns mit unserem Ego, dem Körper oder der Welt nicht wohlfühlen, werden wir nie über sie hinausgelangen.

Nietzsche selbst hatte diese Arbeit geleistet. Er hatte das Stadium des Kamels hinter sich gebracht: Er war ein mustergültiger Schüler, er hatte gelernt und studiert. Erst dann konnte er mit Fug und Recht sagen, dass dies alles keinen Sinn ergab. Sein eigenes Leben wurde zu einem hervorragenden Beispiel dafür, wie man als Kamel beginnt, um als Löwe zu enden, der die Werte der Welt zurückweist. Das Stadium des Kindes erreichte er allerdings letztlich nicht. Auch wenn er eine Ahnung davon hatte, was dieses Stadium bedeutete, ist es ganz offensichtlich, dass er es selbst nicht erlangte. Er war auf dem Weg dorthin ein gutes Stück weit vorangekommen und weiser als die Menschen, zu denen er sprach, aber er war noch nicht am Ziel und behauptete es auch nicht. Man könnte Nietzsche mit Moses vergleichen, der von der Anhöhe aus das gelobte Land auf der anderen Seite des Jordans erblickte, aber nicht imstande war, es zu betreten. Nietzsche beschrieb dieses Land, er wusste darum, aber er betrat es nicht. Er wusste jedoch, was es heißt, ein Löwe zu sein, und dass man keiner sein kann, wenn man nicht zuerst ein Kamel gewesen ist. Später werde ich darauf eingehen, was das für die Arbeit mit dem Kurs bedeutet.

Als Nächstes zählt Nietzsche die Merkmale auf – »Oder ist es dies?« –, die in seinen Augen zum Prozess des Sicherniedrigens gehören. Aus der Sicht des Kurses heißt das, wir lernen, ein Ego zu sein und uns in der Welt zurechtzufinden. Wir leugnen das Ego nicht, bevor wir nicht wissen, dass wir eins haben. Wir erklären nicht, dass wir kein Körper sind, bevor wir nicht imstande sind, gelassen mit ihm umzugehen. Wie könnten wir je befriedigend und wahrhaft über den Körper hinausgelangen, wenn wir vor ihm weglaufen und mit unseren physischen und psychischen Bedürfnissen nicht umgehen können? Wir würden immer aus Angst und Schuld agieren, und diese dienen nur dazu, den Körper in unserer Erfahrung wahr zu machen. Was wir verachten, ist für uns ebenso wirklich wie das, was wir lieben: Abneigung und Zuneigung sind nur die Kehrseiten der Münze von der vermeintlichen Wirklichkeit des Körpers.

Oder ist es das: von unserer Sache scheiden, wenn sie ihren Sieg feiert? Auf hohe Berge steigen, um den Versucher zu versuchen?

Zur Demut gehört, dass wir unseren Erfolgen keine Denkmäler bauen. Nietzsche weist darauf hin, dass wir uns nicht auf unseren Lorbeeren ausruhen sollten. Wenn Sie beispielsweise als Student mit »sehr gut« abschneiden oder Ihr Diplom machen, sollten Sie Ihre Leistung hinter sich lassen und weitergehen. Wir sollten nicht die Illusion hegen, »angekommen zu sein«, wenn wir es nicht sind. Das hindert uns nicht daran, auf hohe Berge zu steigen: nach Erfolg zu streben, Ziele zu verfolgen und sie zu erreichen. Vielmehr geht es hier um die prägenden Jahre, die wir alle durchlaufen und in denen wir lernen, in der Welt zu leben und Ziele anzustreben – schulischer, beruflicher und persönlicher Art. Nicht die Ziele an sich oder die Dinge, die wir erreicht haben, sind ein Problem, sondern unsere Investition in sie, indem wir weltliche Leistungen als Form der Besonderheit benutzen, deren Zweck darin besteht, Götzen der Liebe und des Selbstwerts an die Stelle des echten Gefühls von

Würde und Frieden zu setzen. Letzteres entsteht nur aus der Akzeptanz unserer Rechtgesinntheit.

Deshalb eignet sich der Kurs nicht für Kinder, auch nicht für erwachsene Kinder. Er ist für jene gedacht, die eine bestimmte soziale, physische und emotionale Reife erreicht haben – und ihren Weg in der Welt mehr oder weniger gefunden haben. Sie sind auf die hohen Berge gestiegen und haben ihr Ego im Sinne der Welt entwickelt; das ist mit der Formulierung »den Versucher zu versuchen« gemeint. Sie bleiben dort jedoch nicht stehen, weil sie wissen, dass der Berg, den sie gerade erklommen haben, nur Teil eines größeren und herrlicheren Gebirges ist. Daher halten sie nicht inne. Das ist Demut. Wenn sie ihre weltlichen und persönlichen Ziele erreicht haben, bleiben sie dort nicht stehen, denn sonst enden sie mit nichts: dem Leben in der Egowüste der Schuld, Angst und Besonderheit.

Oder ist es das: sich von Eicheln und Gras der Erkenntnis nähren und um der Wahrheit willen an der Seele Hunger leiden?

Mit anderen Worten: Wir geben uns mit dem Erreichten nicht zufrieden und wollen mehr. Wir suchen nach Erkenntnis, aber wir merken, dass es immer noch mehr zu lernen gibt. Weisheit bei jungen Menschen äußert sich in der Einsicht, dass es noch viel mehr zu lernen gibt – die Gegenwart ist nur ein Durchgangsstadium zu etwas anderem. Das Wort *jung* bezieht sich also auf jene Menschen, die noch nicht den Reifegrad erlangt haben, der ihnen erlaubt, den nächsten Schritt zu tun: dem abzuschwören, was sie bis dahin gelernt haben. Wir können nicht zum nächsten Stadium übergehen, solange wir nicht die Anforderungen des Kamels erfüllen und die Lasten der Welt tragen. Denken Sie an die Redewendung »seinen Tribut zollen«. Es bedeutet, dass wir uns nicht anmaßen, weiser oder spirituell fortgeschrittener sein zu wollen, als wir sind. Wir können zum Ego nicht Nein sagen und auch nicht erklären »Ich bin kein Körper«, wie es im Übungsbuch immer wieder heißt, bevor wir nicht die Stadien durchlaufen haben, in denen wir glauben, ein Körper zu *sein* und ein Ego zu *haben*. Andernfalls stecken wir nur tief in der Verleugnung, was alles andere als ein spiritueller Zustand ist. Das ist einer der Gründe, aus denen Nietzsches Denken äußerst wichtig und sein Werk so aufschlussreich ist: Er erkannte die Notwendigkeit eines Wachstumsprozesses.

Oder ist es das: krank sein und die Tröster heimschicken und mit Tauben Freundschaft schließen, die niemals hören, was du willst?

Wir gelangen zu der Einsicht, dass wir nicht immer unsere Selbstverhätschelung in den Vordergrund stellen sollten: dass unsere Bedürfnisse befriedigt werden oder Menschen Mitleid mit uns haben. Wir schicken die Menschen weg, die uns trösten und bemitleiden oder die uns streicheln und kleinhalten, indem sie unser Selbstbild der Unzulänglichkeit verstärken. Was wir wirklich brauchen, sind Menschen, die uns dort abholen, wo wir stehen, und uns dann helfen zu wachsen. Wir brauchen Menschen, bei denen unsere Selbstverhätschelung, die Forderungen unserer Besonderheit und unsere Wutausbrüche auf taube Ohren stoßen. So beginnt sich die Weisheit zu zeigen, die sich erst viel später in ihrer ganzen Fülle auftut, wenn wir in Nietzsches Parabel zum Kind werden.

Oder ist es das: in schmutziges Wasser steigen, wenn es das Wasser der Wahrheit ist, und kalte Frösche und heiße Kröten nicht von sich weisen?

Das spirituelle Leben ist harte Arbeit. Wir müssen in die trüben Tiefen unserer Psyche, die Abgründe des Ego, tauchen: »in schmutziges Wasser steigen, wenn es das Wasser der Wahrheit ist, und kalte Frösche und heiße Kröten nicht von [uns] weisen«. Es ist bezeichnend, dass viele Menschen, die einen spirituellen Weg gehen, auch Kursschüler, sich nicht die Hände mit dem Ego schmutzig machen wollen. Solche Menschen nennen wir gewöhnlich »Schönfärber«, Menschen, die alles Negative zudecken. Das meint Jesus mit dem Satz, der HEILIGE GEIST werde uns durch »scheinbare Schrecken« hindurchgeleiten zu unserem GOTT, DER jenseits davon ist (T-18. IX.3:7-9). Die »scheinbaren Schrecken« oder das »schmutzige Wasser« voller »kalte[r] Frösche und heiße[r] Kröten« ist das aus Schuld und Urteil bestehende Egodenksystem.

Aus diesem Grunde sind wir ja hier und haben eine Welt und einen Körper erfunden: Wir wollten Gott fernhalten (Ü-II.3.2:4). Bevor wir also unserem Ego und dem, was es mit unserem Körper und dem anderer gemacht hat, vergeben können, müssen wir erst einmal wissen, was unser Geist getan hat oder glaubt, getan zu haben. Wir müssen lernen, dass unser Selbst kein makelloses, schönes und unschuldiges Kind ist – es ist vielmehr eine »heiße Kröte« und ein »kalter Frosch«. Die Gewässer des falschgesinnten Geistes sind trübe und schmutzig. Deshalb brauchen wir die Lehrjahre unseres Lebens, in denen wir eine Ausbildung machen und einen Beruf ergreifen oder zumindest gewisse Erfahrungen auf Gebieten wie zwischenmenschlichen Beziehungen, Ausbildung, Beruf und Geldverdienen sammeln und vielleicht einen Partner finden oder eine Familie gründen. So machen wir uns die Hände schmutzig, indem wir uns mit den zentralen Problemen auseinandersetzen, die es mit sich bringt, in einem Körper zu leben und in einer

> trockene[n] und staubige[n] Welt, wohin hungernde und dürstende Kreaturen kommen, um zu sterben (Ü-II.13.5:1).

Dies zu vermeiden heißt, zu vermeiden, was uns am Ende stärken würde. Wir können keine Löwen werden, bevor wir nicht Kamele sind und die Last dessen tragen, was es bedeutet, hier zu leben.

Oder ist es das: die lieben, die uns verachten, und dem Gespenste die Hand reichen, wenn es uns fürchten machen will?

In *Also sprach Zarathustra* wie auch in vielen anderen Texten Nietzsches wimmelt es von biblischen Anspielungen. Wie bereits erwähnt, befasste sich Nietzsche in seiner Jugend gründlich mit der Bibel, und auch wenn er ihre Lehre ablehnte, wusste er natürlich, was darin stand. In der Bergpredigt sagt Jesus, wir sollten diejenigen lieben, die uns verachten und verfolgen (Mt 5,44). Nietzsche sagt, wir sollen nicht nur die lieben, die uns verachten, sondern auch dem Gespenst eine Hand reichen, das uns ängstigen will. Mit anderen Worten: Wir sollen *alles* willkommen heißen, was hier geschieht. Das ist ein wesentlicher Teil seiner Philosophie.

Die Vorstellung von der *ewigen Wiederkehr des Gleichen* ist vielleicht der wichtigste Gedanke in Nietzsches Werk; doch paradoxerweise ist davon nur selten die Rede. Er taucht in der *Fröhlichen Wissenschaft* (1882) auf, einem Buch, das Nietzsche vor dem *Zarathustra* schrieb. Als Zarathustra diesen Gedanken im dritten Teil erwähnt, tut er es mit großer Beklommenheit, fast so, als hätte er bereits vor der bloßen Äußerung der Worte Angst. An einer Stelle ist es gar nicht er, der diese Worte äußert, sondern die Tiere, die ihn ständig begleiten, übernehmen es für ihn. Seine beiden wichtigsten Gefährten sind der Adler und die Schlange; der Adler, weil er alles sieht und stolz ist, und die

Schlange, weil sie klug ist. Es sind also seine Tiere, die ihm die *ewige Wiederkehr des Gleichen* predigen, den Gedanken, wonach alles, was je passiert ist und uns jetzt passiert, sich unablässig wiederholen wird. Selbst die kleinste Einzelheit wird sich ständig wiederholen. Einmal sagt Nietzsche, sogar die Spinne im Mondlicht werde immer wieder kriechen. Dieser Gedanke, der Nietzsche offensichtlich ängstigte, wurde von ihm als Prüfstein verwendet, um festzustellen, wie spirituell fortgeschritten Menschen waren: je nachdem wie geheuer oder nicht geheuer ihnen dieses Konzept war. Er entwickelte es in seinem Denken nicht weiter, was an den Kern des Problems rührt – Nietzsches Unfähigkeit, es in seine Philosophie oder sein eigenes Leben zu integrieren.

Zu Nietzsches Gedanken der *ewigen Wiederkehr des Gleichen* passt die Sicht des Kurses von der Zeit. Im Kurs lehrt uns Jesus, dass alles schon stattgefunden hat und wir daher bloß »im Geist Revue passieren lassen, was vergangen ist« (Ü-I.158.4:5; T-28.I.1:6). Wir schauen uns sozusagen alte Filme an. Dieser Gedanke – und man kann davon ausgehen, dass es das ist, was Nietzsche Angst machte – besagt, dass nichts hier Bedeutung hat (siehe die ersten Übungsbuchlektionen).

Wie schon erwähnt, ist der Übermensch Nietzsches spirituelles Ideal: Wir vermeiden nicht, was geschieht, sondern nehmen es bereitwillig an. Wir nehmen auch die Menschen an, die uns verachten, und die Ereignisse, die uns ängstigen. Wir versuchen nicht zu vermeiden, was uns das Leben beschert, denn das würde, wie der Kurs lehrt, dafür sorgen, dass es sich unablässig wiederholt. Nietzsche zufolge müssen wir uns über die Wolken (im Kurs das »Schlachtfeld«) erheben, um uns auf diese Weise davon zu befreien, die Welt weiterhin als tragisch und ernst zu betrachten. So lernen wir schließlich, über das, was geschieht, zu lachen. Es sei an Jesu Worte im Textbuch erinnert:

> Es ist nicht leicht, den Witz wahrzunehmen, wenn deine Augen überall um dich herum seine schwerwiegenden Folgen sehen, aber ohne ihre geringfügige Ursache. Ohne Ursache sehen ihre Wirkungen tatsächlich ernst und fürwahr traurig aus. Doch sind sie nur die Folge. Und ihre Ursache ist es, die auf nichts folgt und die nichts als ein Witz ist (T-27.VIII.8:4-7).

Die *Ursache* ist der Glaube unseres Geistes an die Sünde der Trennung, die es in Wirklichkeit nie gegeben hat. Uns wird mit anderen Worten die »ewige« Wiederkehr von allem bewusst, die, wie der Kurs uns zu verstehen hilft, nichts als die »ewige« Wiederkehr des Egodenksystems ist, das Zeit und Raum transzendiert. Es ist nicht linear, deshalb geschieht dasselbe natürlich wieder und wieder, solange der Geist schläft. Wir schauen uns uralte Wiederholungen von Filmen an. Die Herausforderung besteht jedoch darin, über das Egodenksystem hinauszugelangen, ohne es zu verleugnen.

Solcherart ging Nietzsche gewissermaßen mit seinem eigenen Leiden um. Er war ständig von

Schmerzen geplagt, aber statt sie zu vermeiden – er nahm selbstverständlich Medikamente dagegen –, fand er, dass er sein Los bereitwillig hinnehmen und nicht davor weglaufen sollte. Er meinte damit nicht, sich willkürlich Leiden aufzuerlegen oder ein Masochist zu sein, sondern zu akzeptieren, worin das Drehbuch besteht, und dann zu lernen, es anders zu betrachten. Das ist die Aufgabe des Kamels. Es eignet sich das Werkzeug an, um in der materiellen Welt der psychophysischen Körper überleben zu können. Es lernt, mit anderen Menschen zurechtzukommen und mit den Grundbedingungen des Lebens umzugehen – Nahrung, Wohnung, Sexualität, Emotionen, Ausbildung und der Erwerb von Fähigkeiten und Fertigkeiten, um seinen Lebensunterhalt zu verdienen und hier zu überleben.

Auch C. G. Jung war ein großer Bewunderer Nietzsches. Jung sprach von zwei Hauptphasen im Leben: Die erste Hälfte ist im Wesentlichen dem Kamel vorbehalten, auch wenn Jung natürlich nicht diese Metapher benutzte; die zweite setzt ein, wenn man beginnt, alles von einem spirituellen Standpunkt aus zu betrachten. C. G. Jung gab keinen genauen Zeitpunkt an, an dem die eine endet und die andere beginnt, aber er war der Meinung, dass wir in den ersten 30 bis 35 Lebensjahren das Leben in der Welt meistern müssen und erst danach auf befriedigende Weise darüber hinausgehen können. Bevor wir schnell laufen können, müssen wir langsam gehen lernen, und vor dem

Gehen müssen wir das Krabbeln beherrschen. Es erfordert ungeheure Demut, sich einzugestehen: »Ich bin noch nicht so weit. Ich bin in der Phase meines Lebens, in der ich lerne, mit meinem Körper und seiner Beziehung zu anderen Körpern und der Welt umzugehen. Ich werde ein Kamel sein. Ich werde etwas leisten und mir Ziele setzen, aber ich werde dort nicht stehen bleiben, weil ich weiß, dass ich mich auf einer Reise befinde und dies nur ein Abschnitt davon ist.« So zeigt sich Weisheit in jungen Menschen; sie wissen intuitiv, dass das, was sie tun, Teil von etwas Größerem ist. Doch es sei noch einmal betont, dass wir diese größere Sicht nicht wirklich einnehmen können, bevor wir nicht unseren Tribut zollen. Dieses Gefühl der Demut charakterisiert am besten, was Nietzsche damit meint, ein Kamel zu sein: Es ist die Demut, in der Welt zu leben, von ihr zu lernen und in ihr erwachsen zu werden, ohne vorzeitig zu versuchen, die Dinge aus einer spirituellen Sicht zu betrachten.

Deshalb eignet sich der Kurs auch nicht für Menschen, die immer noch mit ihrer psychophysischen Identität ringen. Sie laufen sonst Gefahr, der Tendenz zu erliegen, den Kurs als Mittel zu verwenden, um das Ego zu *verleugnen*, statt es *anzuschauen*. Wir können unser Ego nicht loslassen, bevor wir nicht wissen, dass wir eins haben. Deshalb verbringen wir den ersten Teil unseres Lebens damit, das Ego zu entwickeln und uns mit ihm und unseren körperlichen Bedürfnissen auseinanderzusetzen. Es würde angesichts der natürlichen Entwicklungsprobleme, mit denen wir alle konfrontiert sind, keinen Sinn ergeben, zu sagen, dies alles sei Illusion, wir seien Geist statt Körper und im Übrigen nicht einmal hier. Diese metaphysischen Lehren des Kurses haben auf dieser frühen Stufe keine Bedeutung für uns. Hingegen werden sie alles für uns bedeuten, wenn wir das Stadium von Nietzsches Kind erreicht haben, das am Ende des Prozesses steht. Dieser Abschnitt der Reise erfordert also große Demut.

Eine meiner Lieblingsgeschichten über Demut handelt von Bruno Walter, einem der ganz großen Dirigenten des 20. Jahrhunderts. Er dirigierte Beethoven, Schubert und Brahms auf wundervolle, Mahler auf überirdische und Wagner auf atemberaubende Weise. Aber Mozart war der Komponist, der seinem Herzen am nächsten stand. Wenn Walter Mozart dirigiert, wird eine Liebe hörbar wie sonst bei keinem anderen Dirigenten. In einem Interview, das er gegen Ende seines Lebens gab, sagte dieser große Dirigent, er könne nicht begreifen, warum junge Dirigenten Musik dirigierten, die sie nicht verstehen. Von sich selbst erzählte er, dass er gewartet hatte, bis er fünfzig war – eine lange Zeit für einen Musiker –, bevor er sich zutraute, Mozarts Symphonie Nr. 40 in g-Moll zu dirigieren. In dieser Musik liegt eine tiefe Traurigkeit. Ein großer Musikkritiker nannte sie einmal »Mozarts Gethsemane«, weil in ihr eine Trostlosigkeit spürbar wird, die Mozarts Musik gewöhnlich fehlt. Walter sagte, ihm sei es nicht in den Sinn gekommen, diese Musik öffentlich aufzuführen, bis er reif genug war, sie zu verstehen. Anders sei es bei den Dirigenten, die alles dirigierten, was ihnen angeboten würde, ohne ein wirkliches Verständnis von der Tiefe der Musik zu haben – ein Defizit, das man in ihren Aufführungen leider hört. Das also ist mit der Demut gemeint, von der Zarathustra spricht.

Dasselbe gilt für Menschen, die den Kurs ein- oder zweimal gelesen haben und sofort anfangen, Seminare über ihn zu halten oder Bücher über ihn zu schreiben. Ich sage nicht, dass Menschen warten sollten, bis sie fünfzig sind, um den Kurs zu lehren, aber die Arroganz, etwas zu präsentieren, was man nicht wirklich verstanden hat, sollte immer klar gesehen werden. Es gibt sogar Menschen, die den Kurs lehren wollen, ohne ihn überhaupt gelesen zu haben, in dem Glauben, er sei wie irgendein anderes spirituelles Denksystem, das ihnen vertraut ist. Darin liegt eine Anmaßung, die dem Leben des Kamels fremd ist. Es ist das Kamel, das die Lasten einer Welt trägt, die *es selbst* erfunden hat. Das ist die Welt, für die wir uns entschieden haben. Von einer rechtgesinnten Warte kommen wir hierher, um unsere Vergebungslektionen zu lernen. Doch ohne Schule und ohne Lehrplan, geschweige denn einen Lehrer, können wir keine Lektionen lernen. Die Schule und den Lehrplan bilden unser Leben und unsere Beziehungen, und das heißt, dass wir uns wie alle anderen auch mit dem physischen und emotionalen Überleben des Körpers in der Welt auseinandersetzen müssen.

Wenn uns irgendwann, um den britischen Dichter Wordsworth zu zitieren, »die Welt zu viel wird«, sagen wir: »Es muss einen besseren Weg geben; es muss im Leben mehr geben als das, was ich tue.« Dann kündigen wir unserem bisherigen Lehrer und holen Jesus zur Hilfe, eine Entscheidung, die sich in einem Satz aus dem Kurs ausdrückt, der aus zwei Stellen zusammengesetzt ist:

> Tritt jetzt als dein eigener Lehrer zurück, denn du wurdest schlecht gelehrt (T-12.V.8:3; T-28.I.7:1).

Von da an dienen alle unsere Fertigkeiten und Fähigkeiten wie auch unsere Erfahrungen einem anderen Zweck und werden zu der Schule, in der unser neuer Lehrer – Jesus – uns unterrichtet mit dem Ziel, uns nach Hause zu führen. Als unser Lehrer braucht Jesus ein Lehrbuch, um uns zu unterrichten, und dieses Lehrbuch ist unser Leben. All unsere Erfahrungen, seien sie positiver oder negativer Natur, Siege wie auch Niederlagen, sind der Stoff, den er braucht. Anders gesagt: Er braucht unser Leben als Kamel. Menschen, die vorgeben, unschuldig, heilig und spirituell fortgeschritten zu sein, wollen nicht wirklich seine Schüler sein, denn sie meinen, sie hätten bereits alles gelernt, was man lernen kann. Jesus braucht keine Pseudo-Löwen, die über die Katastrophen in der Welt herziehen, während sie in Wirklichkeit Angst vor ihnen haben, aber so tun, als sei dem nicht so. Er kann auch jenen nicht helfen, die sich als spirituelle Nihilisten ausgeben und sagen, nichts hier bedeute etwas, während sie der Welt in Wirklichkeit schuldbesetzt und ängstlich gegenüberstehen und am liebsten vor ihr davonlaufen würden.

Jesus braucht Menschen, die wahre Kamele sind. Deshalb steht im Kurs nichts über dieses erste Stadium. Es wird vorausgesetzt, dass Menschen, die auf den Kurs stoßen, bereits eine bestimmte psychische, physische und soziale Reife erlangt haben. Sie müssen nicht perfekt sein, aber einen Reifegrad erlangt haben, der ihnen erlaubt zu lesen, dass sie kein Körper sind, dass »die Welt als Angriff auf GOTT gemacht« wurde (Ü-II.3.2:1) und alles überdies eine Illusion ist, ohne dass diese Aussagen aus den falschen Gründen bei ihnen Anklang finden. Es gibt die unausgesprochene Annahme im Kurs, dass Menschen, die ihn zur Hand nehmen und als ihren spirituellen Weg wählen, bereits Kamele sind. Nun merken sie, dass sie sich in der Wüste aufhalten – die Welt *ist* die Wüste –, und sind bereit, die Welt anders zu betrachten. Das ist die Rolle des Löwen.

Bevor wir uns dem Stadium des Löwen zuwenden, möchte ich noch etwas genauer darauf eingehen, was es heißt, gelassen mit dem Ego umzugehen. Dieser Gedanke käme niemals vom Ego, weil es nicht zulässt, dass wir es mit Gelassenheit betrachten. Unsere typische Reaktion auf das Ego – ganz gleich, ob auf unseres oder das anderer – besteht darin, etwas zu *tun*: Wir greifen es an oder beurteilen es, fühlen uns dafür schuldig, versuchen, es zurechtzurücken, zu ändern, zu heilen, zu akzeptieren, abzutun oder sogar zu verleugnen, dass es da ist. Ein gelassener Umgang heißt im Rahmen der Ideen Nietzsches, es bereitwillig als Teil unserer Erfahrung hinzunehmen, es also als etwas zu akzeptieren, was wir gewählt haben. Das Schlüsselthema des Kurses, der Kern der Vergebung, heißt, *das Ego anzuschauen.* Das bedeutet, das Ego mit dem HEILIGEN GEIST oder Jesus anzuschauen, und das wiederum bedeutet, *das Ego ohne Urteil anzuschauen.*

Im Kurs heißt es:

> Die Vergebung ihrerseits ist still und tut ganz ruhig gar nichts ... Sie schaut nur und wartet und urteilt nicht (Ü-II.1.4:1,3).

Wenn wir mit irgendeiner Form des Urirrtums der Trennung konfrontiert sind, gibt uns Jesus eine sehr konkrete Hilfestellung, wie wir mit dem Ego umgehen sollten. Er bittet uns:

> Nenne ihn [den Urirrtum, also das Ego] nicht Sünde ... Statte ihn nicht mit Schuld aus ... Vor allem aber: *Fürchte ihn nicht* (T-18.I.6:7-9).

Also sollen wir das Ego nicht sündig nennen, uns nicht dafür schuldig fühlen und keine Angst vor ihm haben. Das heißt, es nicht anzugreifen oder zu verändern. Ebenso wenig sollten wir so tun, als sei es nicht vorhanden. Wir akzeptieren das Ego einfach, weil wir es bereits gewählt haben. Das gibt uns anschließend die Chance, unser Denken über unsere Fehlentscheidung zu ändern.

Der Kurs erläutert uns, dass wir das Ego gewählt haben, um die LIEBE GOTTES fernzuhalten. Wir lernen daher, unser Ego anzuschauen und es nicht ernst zu nehmen, denn in Wahrheit können wir uns nicht von GOTT trennen, auch wenn wir dies in unserem wahnhaften Zustand glauben. Wir geben dem Ego in uns oder anderen also keine Macht über die Erfahrung der Liebe und des Friedens in uns. Dieser Gedanke ist eine Erläuterung des so ungemein wichtigen Satzes im Textbuch:

> In die Ewigkeit, wo alles eins ist, kam eine winzig kleine Wahnidee geschlichen, und GOTTES SOHN vergaß, über sie zu lachen (T-27.VIII.6:2).

Das Problem besteht darin, dass wir den Gedanken der Trennung tatsächlich ernst genommen und vergessen haben, über die Bedeutungslosigkeit und den inhärenten Wahnsinn dieses grundlegenden Egoglaubens zu lachen. Der HEILIGE GEIST reagiert auf die *winzig kleine Wahnidee* mit einem liebevollen und sanften Lächeln und tut gar nichts, was der Grund dafür ist, dass alle IHN und jeden, der IHN repräsentiert, hassen. Wenn wir etwas gegen das Ego oder irgendeine seiner Manifestationen unternehmen, haben wir es damit wahr gemacht. Sobald wir gegen es ankämpfen und versuchen, es zu verändern, verstärken wir nur seine Wirklichkeit für uns, und das heißt, dass wir nie von ihm frei sein werden. Deshalb ist das letzte Stadium nicht der mächtige Löwe, der sich der Welt herausfordernd widersetzt, sondern das unschuldige Kind.

Es sei angemerkt, dass das Lachen, von dem Jesus spricht, nicht abfällig oder herablassend ist und auch kein physisches Lachen impliziert. Weder Nietzsche noch Jesus meinen ein Lachen im wortwörtlichen Sinne. Physisches Lachen könnte auch ein Ausdruck des inneren Lachens sein, aber was sie vielmehr meinen, ist, dass wir dem, was um uns herum oder in uns vorgeht, nicht die Macht geben, uns die Liebe und den Frieden in unserem Geist zu rauben. Das heißt, dass nichts, was geschieht, derart schwerwiegend sein kann – oft entgegen unserer Erfahrung –, weil es das, was uns am wichtigsten ist, nicht verändern oder uns wegnehmen kann. Lachen ist im Grunde die Berichtigung des HEILIGEN GEISTES dafür, dass das Ego alles ernst nimmt. Ich möchte noch einmal unterstreichen, dass hier nicht gemeint ist, über einen anderen oder irgendwelche Probleme physisch zu lachen. Der Begriff *Lachen* symbolisiert die innere Haltung, etwas Äußerem keine Macht über unseren Geist zu geben, wodurch wir den Ernst aufheben, mit dem das Ego einer Welt gegenübertritt, die es uns als wirklich und bedrohlich vorgaukelt. Bevor wir dieses Stadium erreichen können, müssen wir mit der Welt des Ego jedoch zuerst einmal gelassen umgehen. Das ist zwingend erforderlich, wenn wir Fortschritte machen wollen.

In der Vorstellung, die Welt des Ego zu verlassen, nachdem wir mit ihr zunächst gelassen umgehen, klingt ein zentrales Prinzip des Buddhismus an: Mitgefühl mit allen Lebewesen. Das entspricht der Definition des Kurses von *wahrem Einfühlungsvermögen* (T-16.I.): Man kann kein Mitgefühl mit jemandem haben, wenn man es nicht für *alle* Wesen hat. Es ist eine Alles-oder-nichts-Entscheidung. Entweder haben wir Mitgefühl mit *allen* Menschen oder mit niemandem. Buddha hätte dem sicherlich zugestimmt, bedenkt man seine Lehre, dass dies eine Welt des Leidens ist. Wenn es uns gelingen würde, uns über die Wolke zu erheben, wie Zarathustra sagt, würden wir auf die Tragödie schauen und lachen – nicht abfällig, sondern mit einer Haltung des Mitgefühls für alle, die glauben, sie seien hier, denn das ist die Quelle allen Leidens. Über dem Schlachtfeld erkennen wir, dass die SOHNSCHAFT eins und niemand wirklich von uns getrennt ist.

Die SOHNSCHAFT ist eins, weil wir alle denselben gespaltenen Geist miteinander teilen, wie auch denselben GEIST, der unmittelbar jenseits der Trennung liegt. Wenn wir auf die Welt herabschauen, wird uns klar, dass alle unter dem gemeinsamen Schmerz leiden, der mit dem Glauben einhergeht, sie seien von GOTT getrennt und könnten nie mehr zu IHM zurückkehren. Das kommt ganz wunderbar am Anfang von Übungsbuchlektion 182 zum Ausdruck: »Ich will einen Augenblick lang still sein und nach Hause gehen.« Dort spricht Jesus über den Schmerz, als Fremde in der Welt festzusitzen, ohne dass wir wissen, wie wir je nach

Hause finden, oder überhaupt glauben, dass es ein Zuhause gibt, in das wir zurückkehren könnten, selbst wenn wir den Weg wüssten. Im ersten Teil dieser Lektion heißt es, dass jeder weiß, wovon Jesus spricht:

> Diese Welt, in der du zu leben scheinst, ist nicht dein Zuhause. Und irgendwo in deinem Geist erkennst du, dass das wahr ist. Eine Erinnerung an zu Hause hört nicht auf, dich heimzusuchen, als gebe es einen Ort, der dich zur Rückkehr riefe, obschon du weder die Stimme wiedererkennst noch woran die Stimme dich erinnert. Und dennoch fühlst du dich hier wie ein Fremder von wer weiß woher. Es ist nichts Eindeutiges, sodass du mit Bestimmtheit sagen könntest, dass du hier ein Verbannter bist. Da ist nur ein beharrliches Gefühl, manchmal nicht mehr als ein winzig kleines Pochen, zu anderen Zeiten kaum erinnert und aktiv abgetan, das aber sicherlich dir wieder in den Sinn kommt.
> Es gibt niemanden, der nicht wüsste, wovon wir sprechen (Ü-I.182.1:1-2:1).

Folglich verdient ein jeder hier Mitgefühl, denn jeder leidet unter derselben Einsamkeit und Entfremdung. Dieses tief sitzende Gefühl des Alleinseins bildet den Kern aller besonderen Beziehungen – und es drängt uns, unaufhörlich eine nach der anderen anzustreben. Wir wünschen uns verzweifelt die Gesellschaft und den Trost eines anderen Körpers in der magischen Hoffnung, wir könnten den Schmerz des Geistes betäuben, der daher rührt, dass er von seiner QUELLE getrennt ist. Es war dieser Gedanke, der uns am Anfang motivierte, eine Welt zu machen und uns anschließend als Fragmente in getrennten Körpern zu verbergen. Wir alle spüren den Schmerz, doch jeder erlebt ihn anders. Manche Menschen decken ihn sehr gut zu; andere nicht. Doch solange wir uns damit identifizieren, in einem Körper zu sein, der in dieser Welt lebt, erfahren wir zwangsläufig Schmerz. Aufgrund dieses Schmerzes verdient ein jeder Mitgefühl. Wer auch nur einen Augenblick lang ohne Ego ist, ganz zu schweigen von jemandem, der zu einem fortgeschrittenen Lehrer oder »Übermenschen« geworden ist, würde um den Schmerz in allen Menschen wissen. Wie könnte er oder sie in seinem Herzen nicht alle umfangen, nicht nur die Guten oder die Bösen, sondern ausnahmslos alle Menschen? Ein Übermensch sein heißt, das essenzielle Einssein aller Lebewesen (aller fühlenden Wesen) zu erkennen: das EINSSEIN CHRISTI ebenso wie das Einssein im Glauben, wir seien von CHRISTUS getrennt.

Als Abschluss dieses Teils unserer Erörterung möchte ich zwei Menschen anführen, die Nietzsches Lehren und das, was wir im Kurs lernen, exemplarisch veranschaulichen. Der erste ist Beethoven, dessen Leben ein hervorragendes Beispiel für das ist, wovon Nietzsche spricht. Ich habe bereits erwähnt, dass Nietzsche ein Musikliebhaber war und auch selber Klavier spielte und komponierte. Er zitierte Beethoven zwar einige Male in seinen Schriften, nahm jedoch nicht wirklich Stellung zu ihm oder seiner Musik. Wagner ist der einzige Komponist, über den er sich äußerte. Nietzsche muss jedoch Beethovens Musik gekannt und vielleicht auch intuitiv gewusst haben, dass die drei Phasen, die Beethovens Werk charakterisieren, ein perfektes Beispiel für das Kamel, den Löwen und das Kind sind.

Die Frühphase von Beethovens Musik, die seine ersten 32 Lebensjahre bis 1803 umfasst, dem Entstehungsjahr seiner dritten Symphonie, der *Eroica,* ist ein Beispiel für das Stadium des Kamels. Beethoven zollte seinen Tribut. In diese Zeit fallen eindeutig nicht seine größten Kompositionen. Es sind die ersten beiden Klavierkonzerte, die erste und zweite Symphonie, die ersten zwanzig Klaviersonaten und die ersten sechs Streichquartette. Auch wenn es sich um wunderbare Kompositionen handelt, hätte keine davon seinen Ruf als einer der größten Komponisten der Welt begründet. In dieser Frühzeit gehorchte und folgte Beethovens Musik den Gesetzen und Regeln der klassischen Schule von Mozart und Haydn. Ab und zu erhascht man einen flüchtigen Eindruck von dem, was später kommen wird, mehr aber auch nicht.

Ein weiteres hervorragendes Beispiel bietet Aristoteles, der Schüler Platons. Diese beiden philosophischen Koryphäen bilden die zwei Pole des intellektuellen Spektrums und die Säulen der westlichen Philosophie. Wie Raffaels berühmtes Gemälde *Die Schule von Athen* zeigt, führt Platons Philosophie nach innen, während die des Aristoteles nach außen führt. So außerordentlich brillant

Aristoteles' System auch ist, es bleibt ein weltliches System. Man muss Aristoteles zugutehalten, und darum geht es mir hier, dass er bis zum Tode Platons bei seinem Lehrer ausharrte und erst danach fortging, um seine eigene Schule zu begründen und sein eindrucksvolles Werk zu schaffen. Er zollte also ebenfalls seinen Tribut. Auch wenn Platons Einfluss auf Aristoteles' Gedanken sichtbar ist, beschritt er dennoch einen eigenständigen Weg. Doch soweit wir wissen, achtete Aristoteles seinen Lehrer und attackierte die *Akademie*, Platons Schule, nicht. Er eignete sich so viel Wissen wie möglich an, um dann seinen eigenen Weg zu gehen, so wie Beethoven 2000 Jahre nach ihm.

Zusammenfassend lässt sich also sagen, dass das Stadium des Kamels die Phase ist, in der wir unser Rüstzeug erwerben. Wir eignen uns Wissen über den Körper und die Welt an, wir lernen, was unser Lehrplan oder Drehbuch für uns bereithält. Wir versuchen nicht, Schritte zu überspringen oder uns Spiritualität aufzuzwingen, sondern lassen sie sich langsam entfalten, so wie es unweigerlich geschehen wird. So wie man eine Pflanze in ihrem eigenen Tempo wachsen lässt und sie irgendwann plötzlich zu knospen und zu einer wunderschönen Blume zu erblühen beginnt, forcieren wir unsere Spiritualität nicht, sondern lassen sie vielmehr zur rechten Zeit zu uns kommen, wenn wir bereit sind.

4

Das zweite Stadium: der Löwe

Einführung

Am Ende seiner Ausführungen über Demut charakterisiert Nietzsche das erste Stadium – das Lernen, mit der Welt umzugehen – als Last.

Alles dies Schwerste nimmt der tragsame Geist auf sich: dem Kamele gleich, das beladen in die Wüste eilt, also eilt er in seine Wüste.

Damit bricht das zweite Stadium an, in dem das Kamel, das die Last trägt, in die Wüste eilt, Symbol für die Dürre der Welt, und sich in den Löwen verwandelt. Wie bereits erörtert, bringen wir den ersten Teil unseres Lebens damit zu, zu lernen, die Welt und den Körper zu beherrschen: Wir lernen, mit unseren Impulsen und Bedürfnissen und all den physischen und psychischen Gegebenheiten umzugehen, die unserer Meinung nach festlegen, wer wir sind. Wir lernen auch, mit anderen Körpern auszukommen. All dies gehört zu dem Lernprozess, in der Welt zu leben, und darunter fällt auch, dass wir unseren Lebensunterhalt verdienen. Wenn wir diesen Lernabschnitt – die erste Lebenshälfte nach Jung – bewältigt haben, wird uns allmählich bewusst, dass die Welt selbst eine Wüste ist, der es an wahrem Leben mangelt:

> Es gibt kein Leben außerhalb des HIMMELS (T-23. II.19:1).

Aber in der einsamsten Wüste geschieht die zweite Verwandlung: Zum Löwen wird hier der Geist, Freiheit will er sich erbeuten und Herr sein in seiner eignen Wüste. Seinen letzten Herrn sucht er sich hier: Feind will er ihm werden und seinem letzten Gotte, um Sieg will er mit dem großen Drachen ringen.

Der Drache steht für die Gesellschaft und die Welt. Wie Nietzsche im Anschluss erläutert, ist der Körper des Drachen mit Schuppen besetzt, und auf jeder Schuppe prangt ein »Du sollst«. Auf einigen Schuppen könnte allerdings ebenso gut stehen: »Du sollst nicht.« Insofern repräsentieren die Schuppen des großen Drachen all das, was wir nach Auffassung der Gesellschaft und der Religionen tun oder lassen sollten.

Den ersten Teil unseres Lebens verbringen wir damit, zu lernen, mit dem Drachen, den vielen »Du sollst« des Körpers zu leben: Du sollst atmen, essen, trinken und lernen, deine Bedürfnisse zu befriedigen, andernfalls sollst du sterben. Schon als kleine Kinder lernen wir, die Erwachsenen in unserem Leben zu manipulieren, damit unsere Bedürfnisse befriedigt werden. Wenn wir größer werden, lauten die »Du sollst«: Du sollst zur Schule gehen, Prüfungen bestehen, einen Beruf erlernen und Fähigkeiten und Fertigkeiten entwickeln, um Geld zu verdienen. Anschließend müssen wir entscheiden, auf welche Weise wir unseren Lebensunterhalt bestreiten wollen, um Nahrung und Kleidung kaufen zu können und ein Dach über dem Kopf zu haben.

Im ersten Stadium birgt die Welt, die wir sehen, *etwas*, was wir wollen, um die Überschrift der Übungsbuchlektion 128 abzuwandeln: Sie bietet uns Überleben und die Befriedigung unserer psychophysischen Bedürfnisse. Wir sind noch nicht an dem Punkt in unserer Entwicklung angelangt, an dem wir spirituelle Bedürfnisse haben. So wie es beim Erwerb körperlicher Fertigkeiten Entwicklungsstadien gibt – laufen lernen, sprechen, sauber werden, denken –, gibt es auch Entwicklungsstadien der Spiritualität. Doch wir erreichen die späteren Stadien nicht, ohne die früheren erfolgreich bewältigt zu haben. Das bedeutet es, zu lernen, in der Welt des Drachen, der Welt des »Du sollst« und des »Du sollst nicht« zu leben. Gewiss hatte Nietzsche teilweise auch die berühmten biblischen »Du sollst« und »Du sollst nicht« der Zehn Gebote im Sinn, die im Wesentlichen vorschreiben, wie man moralisch und ethisch in der Welt zu leben hat. Wir müssen in diesem ersten Stadium also auch lernen, uns mit der Religion auseinanderzusetzen, denn an Religion kommt man hier in gewisser Weise nicht vorbei, ganz gleich, ob man an eine bestimmte Theologie glaubt oder nicht. Institutionalisierte Religionen sind im Übrigen ein weiterer Aspekt der Gebote von »Du sollst« und »Du sollst nicht« und dürfen niemals mit Spiritualität verwechselt werden.

Solange wir noch aufwachsen, merken wir nicht, dass wir in Wirklichkeit in einer Wüste leben und die Lasten des Kamels schultern. Erst wenn wir aufrichtig sagen können, dass es einen anderen Weg geben muss – etwas jenseits des Drachen, jenseits der Forderung, ein braver Junge oder ein braves Mädchen zu sein –, entwickeln sich unsere spirituellen Bedürfnisse allmählich und werden stärker. Uns wird klar, dass es etwas anderes geben muss, das Bedeutung hat, denn das, was wir für bedeutsam gehalten haben, erscheint nicht mehr als bedeutsam. An diesem Punkt kommt *Ein Kurs in Wundern* ins Spiel. Im Übungs- wie auch im Textbuch wimmelt es von Stellen, die uns daran erinnern, dass die Welt nicht unser Zuhause ist. In der sehr wichtigen Übungsbuchlektion 133 »Ich will dem Wertlosen keinen Wert beimessen« wird uns deutlich gemacht, dass alles, dem wir Wert beigemessen haben, wertlos ist. Die Beziehungen, Talente und die finanzielle Sicherheit, die wir haben oder nicht haben, der Körper, den wir haben oder gern hätten, und vor allem unser persönliches Selbst – all das ist letztlich wertlos.

Das ist das Stadium, in dem sich das Kamel in den Löwen verwandelt, der jetzt »seine Freiheit erobern« und Herr über sein eigenes Schicksal sein will. Wir haben das Stadium der Demut durchschritten. Wir haben alles gelernt, was die Welt uns lehren kann, und merken, dass es nicht das ist, was wir wollen: Wir wünschen uns aufrichtig, nicht mehr Sklave der Herren der Welt, sondern frei und unser eigener Herr zu sein. Wir haben inzwischen begriffen, dass wir dem, was die Welt uns sagt, nicht trauen oder glauben können, denn sie lügt, weil sie die Wirkung der Egolüge ist. Jesus lehrt uns im Kurs, dass wir der Wahrnehmung keinen Glauben schenken sollen (z.B. T-22. III). Warum sollten wir denn das einzige Ding im Universum, das nichts weiß, bitten, uns zu sagen, was die Wirklichkeit ist (T-20.III.7:5-7)? Warum sollten wir Menschen bitten, uns weise Worte zu sagen, wenn sie selbst nicht weise sind? Warum sollten wir die großen Gehirne der Welt – *nicht die Geister* – fragen, was wertvoll und wichtig ist und wie man hier glücklich werden kann? Wir haben die erste Hälfte unseres Lebens damit zugebracht, genau das zu tun: Wir haben große Werke gelesen und auf kluge Leute gehört, die versuchen, dem Leben in der Welt einen Sinn abzugewinnen. Jetzt wird uns klar, dass nichts davon von Belang ist, denn es schenkt uns nicht den Frieden GOTTES, den Frieden, der alles transzendiert und der von nichts berührt werden kann.

Im Stadium des Kamels haben wir zur Welt Ja gesagt: »Ja, du wirst meine Bedürfnisse erfüllen, und ich werde von dir lernen, was mich befriedigt.« Am Anfang lernen wir natürlich von unseren Eltern, und nach einer Weile merken wir, dass sie nicht perfekt sind. Dann lernen wir von unseren Lehrern, anderen Familienmitgliedern, politischen, sozialen und religiösen Vorbildern und beginnen zu sehen, dass das, was sie gesagt haben, vielleicht eine Zeit lang gültig war oder damals für uns gestimmt hat – aber es bringt uns nicht weit genug. Wo wir vorher Ja gesagt haben, sagen wir deshalb jetzt Nein. Uns wird klar, dass wir die »Du sollst«-Schuppen des Drachen anschauen und sagen müssen, dass sie nicht das sind, was wir wollen. Das drückt der wichtige Satz im Textbuch aus, in dem Jesus sagt, dass »›ja‹ ›nicht nein‹ bedeuten muss« (T-21.VII.12:4). Wir schauen die Welt an, die die Negation der Wahrheit ist, und kommen zu dem Ergebnis: »Nein, das will ich nicht mehr.« Im ersten Stadium haben wir zur Negation der Wahrheit Ja gesagt, weil wir dachten, sie *sei* die Wahrheit. Wir glaubten, die Welt würde so funktionieren, wie es in der Welt – von Physikern, Chemikern, Biologen, Politikwissenschaftlern, Theologen, Psychologen, Philosophen und Historikern – behauptet wird. Da wir glaubten, dies sei die Weise, wie die Welt funktioniert, sagten wir: »Ja, lehre mich.« Und so lernten und lernten wir, bis uns irgendwann klar wurde, dass die Welt keinen Sinn ergibt. Menschen lügen, nicht unbedingt absichtlich, sondern weil *sie es nicht besser wissen*. Warum also sollten wir ihnen Gehör schenken?

Das Gegenteil von Erkenntnis ist nicht Wahrnehmung, denn »was allumfassend ist, kann kein Gegenteil haben« (T-Einl.1:8). Wir können die Welt der Wahrnehmung jedoch als Unwissenheit oder als Mangel an Erkenntnis charakterisieren. Dies lehrten die großen gnostischen Lehrer. *Gnosis* ist das griechische Wort für »Erkenntnis«, und jene, die nicht die Gnosis (Wirklichkeit oder Wahrheit) erfahren hatten, waren diejenigen, die keine Erkenntnis hatten. Unwissenheit ist in Wahrheit die Quelle des Leidens und des Schmerzes, die Mutter aller Illusionen. Diejenigen, die uns belügen – sprich jeder –, verbergen die Wahrheit nicht unbedingt mit Absicht; sie haben einfach keine Erkenntnis. Wie können wir gelehrt werden, aus dem Traum zu erwachen, wenn alles, was wir gelesen und gelernt haben, dem Traum Wirklichkeit verleiht? Wie können wir gelehrt werden, über die Welt zu lachen, wie es Zarathustra empfiehlt, wenn jeder denkt, die Welt sei wirklich und die Ereignisse hier seien tragisch? Deshalb müssen wir von jemandem lernen, der ein Denksystem lehrt, das außerhalb des Systems – über dem Schlachtfeld – liegt und der die Wolke nicht für eine Gewitterwolke hält, sondern sie vielmehr so betrachtet, wie der Kurs sie beschreibt – als dünnen Schleier, der keine Macht hat, das Licht davon abzuhalten, hindurchzuscheinen (T-18.IX.5-8). Das ist die Bürde, die man trägt, wenn man ein Löwe wird.

Welches ist der große Drache, den der Geist nicht mehr Herr und Gott heißen mag? »Du-sollst« heißt der große Drache. Aber der Geist des Löwen sagt: »Ich will.«

In diesen Sätzen drückt sich Nietzsches Idee des *Willens zur Macht* aus: »Ich lasse mich nicht von der Welt binden. Ich werde mich nicht nach dem richten, was in der Welt als Wahrheit und Wirklichkeit ausgegeben wird. Ich werde dem, was ich höre, keinen Glauben schenken, weder den Nachrichtenmedien noch dem, was andere mir sagen – *es sei denn, sie haben Erkenntnis.*« Mit der Zeit sind wir imstande, diejenigen auszumachen, die Erkenntnis haben, und diese sind es, auf die wir hören werden. Mir hat immer der Satz gefallen: »Wenn ein Weiser dir Gift anbietet, trinke es; wenn ein Narr dir ein Gegengift anbietet, verschmähe es.« Es ist die *Geisteshaltung* des Weisen, die uns heilen und retten wird, und die *Geisteshaltung* des Narren, die uns zerstören wird. Noch einmal: Warum sollten wir das Einzige im ganzen Universum, das nicht weiß, bitten, uns zu sagen, was die Wahrheit ist? Die Einzigen, denen wir Gehör schenken sollten, sind jene, die nicht auf den Traum hereinfallen, denn sie werden uns nicht einfach nur helfen, besser im Traum zu leben. Das Kamel strebt nur nach dem Traum, aber uns wird allmählich klar, dass dieses erste Stadium uns nur dazu dient, letztlich das Ziel zu erreichen, vom Traum zu erwachen.

Deshalb wollen wir nicht in der Wüste leben. Jesus sagte Helen in den ersten Wochen der Niederschrift:

> Was man mit einer Wüste macht, ist, sie zu *verlassen*.*

Das Kamel führt uns in die Wüste, doch noch wissen wir nicht, dass es sich um eine Wüste handelt. Erst wenn wir dort sind, merken wir, dass sie nichts ist. Die Erfahrung als Kamel war jedoch nicht vergeudet, denn wir werden die andere Seite nicht zu Gesicht bekommen, ehe wir nicht in die Wüste gehen. Dann können wir anschauen, was wir gelehrt wurden und gelernt haben, und es für unwahr erklären. Statt uns sagen zu lassen, was wir tun, glauben oder werden sollten, verkünden wir nun schlicht: »Ich will«, was bedeutet, dass wir unser Schicksal wählen. Das ist der *Wille zur Macht*. Um es zu wiederholen:

Aber der Geist des Löwen sagt: »Ich will.« »Du-sollst« liegt ihm am Wege, goldfunkelnd ...

Es sei an die Metapher vom Bild und vom Rahmen erinnert, die Jesus in dem Abschnitt »Die beiden Bilder« gebraucht (T-17.IV). Das Bild des Ego ist der Tod, sein »freundliches« Angebot an uns, das es in einen prächtig verzierten Rahmen steckt, der vor Diamanten und Rubinen glitzert und das Bild verbirgt. Der verzierte Rahmen entspricht

* Siehe Kenneth Wapnick, *Jenseits der Glückseligkeit*, Greuthof Verlag, 1999, S. 270.

den Schuppen des Drachen, und er funkelt wie ein Schatz, in Wirklichkeit ist er jedoch

... ein Schuppentier, und auf jeder Schuppe glänzt golden: »Du sollst!«

Das ist der goldene Schimmer des Ego, die Verlockung der Besonderheit, mit der die Welt uns fängt. Es ist eine schwierige Phase, weil wir nun sagen müssen, dass *alles*, was wir gelernt haben und geworden sind, unwahr ist. Die größte Schwierigkeit in dieser Übergangsphase besteht darin, imstande zu sein, diesen *Willen zur Macht* ohne Ärger oder Angriff auszuüben, ohne die Welt oder uns selbst zerstören zu wollen, in der Einsicht, dass wir nicht dorthin gelangen können, wo wir hinwollen, ohne zuerst hierher zu kommen. Dann empfinden wir Dankbarkeit für das, was aus uns geworden ist und wir uns selbst beigebracht haben, denn es wird zum Mittel, das unser Lehrer Jesus benutzt, um uns zu helfen, über unsere Welt hinauszugehen in die seine.

Wir können nicht vom Stadium des Kamels in das Stadium des Kindes wechseln, ohne uns vorher mit dem Löwen zu identifizieren. Wie schon erwähnt, sagt der Löwe »nicht Nein«. Er schaut die »Du sollst« an, die in Wirklichkeit die Negation der Liebe und Wahrheit sind, und erklärt: »Ich will das nicht mehr.« Auf diese Weise wird der Drache getötet, ein im Übrigen wichtiges mythologisches Symbol. Der Drache symbolisiert das Ego, und die

Herausforderung besteht darin, ihn nicht zu töten, denn wenn wir gegen irgendein »Du sollst« ankämpfen, haben wir es wahr gemacht, und es wird doppelt und dreifach zurückkehren. Wenn wir das Ego einfach als die Illusion erkennen, die es ist, wird es

> in das Nichts hinein entschwinden, aus dem [es] kam (H-13.1:2).

Davon spricht Nietzsche allerdings nicht, und hier hilft uns der Kurs, die Reise zu vollenden. Im Textbuch lehrt Jesus, dass das Verschwinden des Körpers lediglich ein »stilles Verschmelzen« ist (T-18.VI.14:6), weder ein Ankämpfen gegen ihn noch ein Akt der Zerstörung. Der Körper löst sich einfach in den illusionären Geist auf, in dem er immer gewesen ist, und die Gedanken des Hasses, der Schuld und der Angst werden durch Liebe ersetzt. Möglicherweise bleibt er physisch für die Augen anderer sichtbar, als unabhängiges Gebilde aber verschwindet er einfach. Es geht also nicht darum, den Drachen zu bekämpfen, sondern ihn mithilfe von Jesus offenen Auges als das zu sehen, was er ist. Wir begreifen, dass der Drache nicht die Gesellschaft ist und auch nicht die Gebote der Religion. Er ist nichts weiter als eine Projektion unseres eigenen Bedürfnisses, getrennt zu bleiben. Es sei noch einmal die Stelle in Kapitel 18 zitiert:

> Nenne ihn [den Urirrtum] nicht Sünde ... Statte ihn nicht mit Schuld aus ... Vor allem aber: *Fürchte ihn nicht* (T-18.I.6:7-9).

Wenn wir gegen das Ego ankämpfen, tun wir genau das, was Jesus uns bittet *nicht* zu tun: Wir nehmen die Illusion ernst und machen sie wahr. Immerhin müssen wir sie anschauen, damit wir sagen und auch meinen können, dass die Welt, die wir gemacht haben, nichts birgt, was wir wollen (Ü-I.128).

Ich möchte noch einmal klarstellen, dass wir unsere erste Lebenshälfte nicht für vergeudet halten sollten, denn das, was wir erlebt haben, hat uns an den Punkt gebracht, an dem wir schließlich sagen können, dass es etwas anderes geben muss. Das ist entscheidend, sonst werden wir zu hart mit uns ins Gericht gehen. Es sei daran erinnert, dass *Ein Kurs in Wundern* dort beginnt, wo unser Leben in der Welt aufhört: bei unseren Erfolgen (oder Niederlagen). Wir haben erfolgreich gelernt, in der Welt zu überleben, und wir beginnen, uns auf den Kurs einzulassen, wenn uns bewusst wird, dass wir nicht glücklich sind oder, um mit Helen und Bill zu sprechen, dass es »einen anderen Weg geben muss«. Helen hätte den Kurs nicht empfangen können, wenn sie und Bill nicht in einer Sackgasse gesteckt und begriffen hätten, dass nichts hier wirklich funktioniert. Als hoch angesehene Professoren an einer prestigeträchtigen, der Universität angeschlossenen medizinischen Institution waren sie beide erfolgreich in der Welt. Doch bei näherem Hinschauen stellten sie fest, dass etwas fehlt.

Es ist nicht hilfreich, ein schlechtes Gewissen zu haben, wenn wir auf unser Leben zurückblicken, denn das dient nur dazu, die Schule zu negieren, in der wir gelernt haben. Wir sollten daran denken, dass wir nicht zum Löwen werden können, der den Drachen in der Wüste tötet, bevor wir nicht als Kamel die Wüstenreise angetreten haben. Schritte zu überspringen ist nicht hilfreich. Die »Du sollst« sind sehr anziehend; deshalb nennt Nietzsche sie auch »golden«. Für diejenigen, die sich mit der Welt identifizieren und etwas von ihr wollen, ist die Welt ein Schatz, den es zu erobern gilt. Und wie wir wissen, erobern wir die Schätze in der Welt, indem wir unsere Rivalen töten. Als Egos triumphieren wir – über eine Schule oder eine Universität, um einen Abschluss zu machen, über eine Firma, um Geld zu verdienen, oder über eine Beziehung, um unser Gegenüber zu verführen und zu manipulieren, sodass unsere Bedürfnisse befriedigt werden. Wir alle wollen den Drachen der Besonderheit töten. Doch das ist nicht wirklich der Drache, von dem Nietzsche spricht, denn den Drachen töten wollen *ist* der Drache. Auf diese Weise wird der Drache der Besonderheit niemals wirklich erschlagen. Das Bestreben, die Welt, die die Verkörperung des Trennungsgedankens ist, zu besiegen, verstärkt also bloß ihre vermeintliche Wirklichkeit. Wir gelangen auf diese Weise nie an den Punkt, an dem wir den wirklichen Drachen, die Entscheidung unseres Geistes für das Ego, erschlagen. Den Drachen der Besonderheit zu töten heißt, das Egodenksystem anzuschauen und sanft zu erklären: »Das ist nicht mehr die Welt, der ich

Wert beimesse, und daher kann ich eine bessere wählen.«

Tausendjährige Werte glänzen an diesen Schuppen, und also spricht der mächtigste aller Drachen: »Aller Wert der Dinge – der glänzt an mir. Aller Wert ward schon geschaffen, und aller geschaffene Wert – das bin ich. Wahrlich, es soll kein ›Ich will‹ mehr geben!« Also spricht der Drache.

Das »Ich will« des Löwen stellt die größte Bedrohung für den Drachen dar, dem zufolge es kein »Ich will« mehr gibt. Da ist kein Platz für ein Individuum, das seinen *Willen zur Macht* behauptet (was nicht verwechselt werden darf mit dem Selbstbehauptungswillen des Ego). In der Welt (dem Reich der Drachen) sind keine Menschen vorgesehen, die den Zugang zu ihrem Geist und dessen Entscheidungsmacht wiederfinden, um wählen zu können, sich daran zu erinnern, wer sie wirklich sind. Diese spirituelle Macht muss zerstört werden, und das ist das Ziel der Gesellschaft. Wir trachten beispielsweise oftmals danach, Menschen zu bestrafen, die anders sind als wir. Nietzsche schrieb aus persönlicher Erfahrung, weil er so wie sein Alter Ego Zarathustra sehr viel Zurückweisung und Kritik in seinem Leben erfuhr. Wir sollten daran denken, dass die Werte der Welt der Drache sind, sie sind die formgewordenen Projektionen des zentralen Egowertes:

»Ich existiere als getrenntes Wesen, autonom und unabhängig von meinem SCHÖPFER.« Das ist *der* Wert schlechthin, und er beinhaltet die Aufgabe, das Selbst, das wir dem HIMMEL gestohlen haben, wie wir glauben, zu schützen, zu hegen und zu erhalten. Alle weltlichen Werte verstärken diesen obersten Wert, und wir schützen unser gestohlenes Selbst im Geist, indem wir es in die Welt hinausprojizieren, die als wirklich wahrgenommen wird. Dadurch wird dem Egotraum der Trennung Wirklichkeit verliehen.

Was die Welt wertschätzt, ist im Kern immer dasselbe, auch wenn die jeweiligen Dinge, die uns lieb und teuer sind, von Kultur zu Kultur und Epoche zu Epoche variieren. Einige Dinge streben wir an, weil sie uns Vergnügen bringen, andere meiden wir, weil sie uns Schmerz bereiten. Doch alle Dinge – die angenehmen wie die schmerzhaften – verleihen dem Traum des Körpers Wirklichkeit. Das Ego liebt den Gedanken, die Welt zu verbessern oder zu verändern. Das ist eine der besonders verführerischen Schuppen des Drachen, weil dem Traum dadurch eine Wirklichkeit gegeben wird, die ihm nicht zukommt. Die geistlose Welt verleugnet die Macht des Geistes – den Willen, der Übermensch zu werden, der die Welt transzendiert. Damit ist nicht gemeint, dass wir als physische Wesen aufhören werden zu existieren; vielmehr begreifen wir, dass der Körper nicht das ist, was wir sind. So erheben wir uns über das Schlachtfeld der mit Werten beladenen Schuppen des Drachen.

Der Drache sagt: »Aller Wert ward schon geschaffen, und aller geschaffene Wert – das bin ich. Wahrlich, es soll kein ›Ich will‹ mehr geben.« Damit gerät das Individuum in Opposition zur Gesellschaft. Doch wenn wir den Konflikt nur auf dieser Ebene sehen, werden wir nie über ihn hinausgelangen. Die Gesellschaft ist bloß eine Projektion dessen, womit wir es wirklich zu tun haben: nämlich der *Entscheidung* des Geistes, ein Ego zu sein, in der Falsch- statt in der Rechtgesinntheit zu bleiben und am Traum der Trennung festzuhalten, der im Leben als Körper gipfelt, statt aus dem Albtraum der Trennung zu erwachen.

Meine Brüder, wozu bedarf es des Löwen im Geiste? Was genügt nicht das lastbare Tier, das entsagt und ehrfürchtig ist?

Warum müssen wir dieses Stadium durchmachen? Warum reicht es nicht aus, einfach nur der Welt Ehrerbietung zu erweisen und ihren Drachen zu gehorchen? Die folgenden Absätze enthalten Nietzsches Antwort; sie beginnen so:

Neue Werte schaffen – das vermag auch der Löwe noch nicht – …

»Neue Werte schaffen« ist das rechtgesinnte Ja. Der Löwe sagt bloß Nein, das Nein zum Nein der Welt, das die Voraussetzung für das »heilige Ja« bildet. Deshalb genügt es nicht, ein Löwe zu sein.

Wenn wir nur ein Löwe bleiben, werden wir nie zum Kind werden und den neuen Wert begrüßen, der unser spirituelles Selbst ist. Wir können keine Schritte überspringen und zum Kind werden, bevor wir nicht imstande sind, das Egosystem anzuschauen und zu sagen: »Ich will das nicht mehr.«

Nietzsche meint nicht nur eine äußere Auflehnung gegen die Dummheiten der Welt, die er unzweifelhaft höchst dumm fand, sondern einen inneren Prozess. An dieser Stelle haben seine sogenannten Anhänger ihn falsch verstanden. Er predigte keine Revolution, Widerstandsparolen oder Nazi-Ideologie; all das hätte er strikt abgelehnt. Sein Schwerpunkt lag darauf, dass wir werden, wer wir wirklich sind, nämlich *spirituelle Wesen*. Wenn wir zur Welt lediglich Nein sagen, werden wir nie zum Kind, denn eine solche Opposition ist genau das, was der Drache will: Wir werden diese spezielle Form des Drachen töten, und ein anderer wird sogleich seinen Platz einnehmen. Nietzsche geht es darum, deutlich zu machen – und auch der Kurs lässt daran keinen Zweifel –, dass die äußeren Drachen bloße Projektionen der inneren Drachen sind. Der Drache, den wir sehen, ist das äußere Abbild eines inneren Wunsches: des Wunsches, ein Ego zu sein, den wir anschließend auf die Welt projizieren (T-24.VII.8:8-10). Aufgrund dieses Projektionsprozesses glauben wir, dass es die Welt ist, die uns keine Freiheit gestattet – dass sie unseren Fortschritt einschränkt, behindert und blockiert, dass sie uns unglücklich, einsam und elend macht und uns immer belügt. Also muss die Welt erschlagen und überwunden werden, denn diese halten wir für das Problem.

So ließe sich Nietzsches *ewige Wiederkehr des Gleichen* verstehen: Wir umkreisen ständig dasselbe Problem der Trennung, und nie ändert sich etwas. Aber es ist wichtig zu begreifen, *warum* sich nichts ändert. Der Drache ist nichts weiter als eine Projektion dessen, was im Innern ist. Wir halten das Ego für einen Drachen, und auf seiner Schuppe steht: »Du sollst mich nicht anschauen, denn sonst wirst du sterben.« Einen Widerhall davon finden wir an einer Stelle im Kurs, in der der Rat des Ego dargestellt wird:

> Laut sagt das Ego dir: Schau nicht nach innen, denn tust du das, so wird dein Auge auf die Sünde fallen, und GOTT wird dich mit Blindheit schlagen. Das glaubst du, und deshalb schaust du nicht hin. Doch das ist weder die versteckte Angst des Ego noch die deine, der du ihm dienst (T-21.IV.2:3-4).

Also hören wir auf das ursprüngliche »Du sollst« und begeben uns nicht in den Geist, um den Drachen anzuschauen. Stattdessen gehen wir nach außen und sehen dort die Drachen, mit denen wir kämpfen müssen, um zu überleben.

Deshalb genügt es nicht zu sagen, dass die Welt, die wir sehen, nichts birgt, was wir wollen (Ü-I.128). Wir müssen auch bekräftigen, dass es eine andere Welt gibt, die wir wollen (Ü-I.129). Wir sagen Nein zu den Lügen der Welt, doch nur, um Platz zu machen für die Wahrheit im Innern. Dieselbe Aussage macht Jesus am Ende des Textbuchs, als er darüber spricht, dass alle weltlichen Wege unweigerlich zum Tod führen:

> Die Zahl der Wege, die die Welt anbieten kann, scheint ziemlich groß zu sein; die Zeit muss aber kommen, wo jeder zu sehen beginnt, wie ähnlich sie einander sind ... Alle müssen diesen Punkt erreichen und über ihn hinausgehen. Es ist tatsächlich wahr, dass es innerhalb der Welt gar keine Wahl gibt. Doch das ist nicht die eigentliche Lehre.
> Wer wäre wohl gewillt, sich abbringen zu lassen von allen Wegen dieser Welt, wenn er nicht ihre wirkliche Vergeblichkeit verstünde? Ist es nicht nötig, damit zu beginnen, *um stattdessen einen anderen Weg zu suchen?* Denn welche Entscheidungskraft kann er nutzen, solange er dort eine Wahl sieht, wo keine ist? Die große Freisetzung der Macht muss damit beginnen, zu lernen, wo sie wirklich einen Nutzen hat. Und welche Entscheidung hat denn Macht, wenn sie in Situationen angewendet wird, in denen keine Wahl besteht? (T-31. IV.3:3,7-9; 5; Kursive von mir)

Der *andere Weg* besteht darin, in den Geist zurückzukehren, wo wir eine sinnvolle Wahl treffen und Zugang finden zur Entscheidungsmacht des Geistes. Unsere falschgesinnte Entscheidung ist der Drache, der getötet werden muss, denn sie ist die Quelle unserer Erfahrungen, dass wir Sklaven der Diktate anderer sind.

Zusammenfassend können wir sagen, dass wir uns in der Wüste aufhalten und einen anderen Weg wollen, und das bedeutet, dass wir einen anderen Lehrer wollen. Also wählen wir Jesus, und er hilft uns zu begreifen, dass der Wert des äußeren Drachen – der Gesellschaft, die uns ihre »Du sollst«

und »Du sollst nicht« auferlegt – darin besteht, uns bewusst zu machen, dass *wir selbst* der Diktator sind. Wir müssen mit der projizierten Personifizierung arbeiten, denn auf diese Weise gehen wir nach innen, um den Drachen zu töten, der die falsche Wahl des Geistes ist.

Neue Werte schaffen – das vermag auch der Löwe noch nicht; aber Freiheit sich schaffen zu neuem Schaffen – das vermag die Macht des Löwen.

Während der Löwe die dem Geist innewohnende Macht des Willens geltend machen kann, ist es das Kind, das schließlich die richtige Wahl trifft. Der Löwe ist imstande zu sagen: »Ich will. Ich habe einen Geist; das ist meine Entscheidung. Ich muss mich nicht von den Drachen und ihren Schuppen mit den ›Du sollst‹ binden lassen.« Nun kann uns klar werden, dass wir, wie es am Ende des 27. Kapitels heißt, die Träumer des Traums sind; wir sind nicht mehr die Opfer des Traums der Welt, es sei denn, wir wollen uns dafür halten (T-27.VII, VIII). Unsere Wirklichkeit liegt außerhalb des Traums, und als Träumer des Traums sind wir nicht gebunden von den »Du sollst« des Drachen, von dem, was andere Menschen tun, sagen oder uns scheinbar fühlen lassen. Um den Satz aus dem Textbuch abzuwandeln: »Lass die Drachen so hasserfüllt und bösartig sein, wie sie nur wollen, sie könnten keine Wirkung auf dich haben, es sei denn, du versäumtest zu begreifen, dass es dein Traum ist« (T-

27.VIII.10:6). Die Drachen unserer Welt sind in der Tat außerordentlich bösartig, hasserfüllt und grausam und genießen überdies das Leiden der Menschen. All das stimmt, aber die Drachen der Welt können uns nur dann etwas anhaben, wenn wir vergessen, dass wir diejenigen sind, die für unsere Reaktionen der Verletztheit, des Schmerzes und des Ärgers verantwortlich sind. Der Löwe erkennt also, dass die Drachen sein Traum sind, und übernimmt die Verantwortung für das, was er fühlt.

Wie Nietzsche ausführt, kann der Löwe keine neuen Werte schaffen; das bleibt dem nächsten Stadium vorbehalten, in dem der Geist die Unschuld des Kindes wählt. Der Löwe kann die nach außen projizierte Sünde und Schuld anschauen und erkennen, dass sie in Wirklichkeit im Innern liegen und er die Macht hat, sich dagegen zu entscheiden. Das ist das »Ich will«, das Beharren auf der Macht des Geistes zu wählen. Man kann sehen, wie sehr dieser Gedanke des Willens zur Macht verfälscht wurde, indem man ihn zum Grundprinzip der Nazi-Ideologie oder anderer totalitärer Regime erhob – eine grobe Verzerrung der Macht des Geistes, seine Freiheit auszuüben und eine neue Schöpfung zu wählen. *Das* kann der Löwe tun. Wie Jesus im Kurs sagt:

> Die Macht der Entscheidung ist die einzige dir verbleibende Freiheit als Gefangener dieser Welt (T-12.VII.9:1).

Diese Freiheit ist es, um die es Nietzsche geht. Der Löwe wählt nicht die Unschuld, sondern er begreift, dass er eine Wahl zwischen Unschuld und Schuld hat. Er hat sich selbst zum großen Drachen gemacht und kann ebenso leicht eine andere Wahl treffen.

Es sei noch einmal wiederholt, dass das erste Stadium darin besteht, dass wir uns demütig den Gesetzen der Welt unterwerfen. Dieses Stadium ist unumgänglich. Aus diesem Grunde haben wir uns so gemacht, wie wir sind, als wir unsere kollektiven und individuellen Träume hervorgebracht haben, und deshalb ist dieser Lernprozess notwendig geworden. Wir müssen daher die (für unsere Gattung) normalen Entwicklungsstufen durchlaufen. Wenn wir sie verleugnen oder ignorieren, tun wir das auf eigene Gefahr in dem Sinne, dass wir niemals unser Ziel erreichen werden, wenn wir nicht unsere täglichen Vergebungslektionen praktizieren. Wahre spirituelle Vollendung ist das letzte Stadium, aber wir werden nicht dorthin gelangen, solange wir die Stadien davor nicht mehr oder minder erfolgreich durchschritten haben. Andernfalls untergraben wir unsere spirituelle Reise.

Was die Macht des Löwen mit sich bringt, ist dies:

Freiheit sich schaffen und ein heiliges Nein auch vor der Pflicht: dazu, meine Brüder, bedarf es des Löwen.

Wir fühlen uns nicht länger an das gebunden, was die Welt uns vorschreibt. Damit ist kein Nihilismus gemeint; es geht nicht darum, Gesetze zu brechen oder untätig zu sein. Gemeint ist die *innere* Freiheit von den Gesetzen der Welt. Schuld, Angriff und Leiden sind die harschen Gesetze der aus Trennung und Besonderheit gemachten Egowelt. Dazu sagen wir das »heilige Nein«. Das ist mit der Übungsbuchlektion »Ich unterstehe keinen Gesetzen außer den Gesetzen GOTTES« (Ü-I.76) und Jesu Worten im Textbuch gemeint:

> Erlösung ist nicht mehr als ein Gemahnen, dass diese Welt nicht dein Zuhause ist. Ihre Gesetze sind dir nicht auferlegt, ihre Werte sind nicht deine (T-25.VI.6:1-2).

Zuvor hat die Welt von uns Loyalität gegenüber ihrem Denksystem der Besonderheit, des Angriffs und des Leidens verlangt – allesamt Formen ihrer Maxime der getrennten Interessen. Dazu hatten wir Ja gesagt. Als Löwe werden wir gebeten, all das anzuschauen und zu erklären: »Nein, ich will das nicht mehr.« Das Ja zur Welt des Ego war die Verneinung der Liebe und der Wahrheit. Mit Jesus an unserer Seite schauen wir diese Verneinung an und sagen Nein zu ihr – das »Nein zum Nein«. An einer früheren Stelle im Textbuch drückt Jesus den gleichen Gedanken mit dem Satz aus, dass die Verantwortung des Wunderwirkenden darin besteht, »die Verleugnung der Wahrheit zu leugnen« (T-12.II.1:5). Der Löwe schaut die Verleugnung der Wahrheit an, zu der er Ja gesagt hatte – zu allem, was der Welt lieb und teuer ist, und dies lässt sich auf die Doktrin der getrennten Interessen *(ich oder du)* reduzieren –, und verkündet: »Ich will das nicht mehr. Alles, dem ich vorher Wert beigemessen habe, ist wertlos.« Was die Welt als Ja und als Wahrheit definiert hat, war in Wirklichkeit deren Verleugnung. Ich kann nicht genug betonen, dass es hier nicht um irgendetwas Äußeres, sondern um den Zustand des Geistes geht. Wenn wir nicht verstehen, dass hier nur der Geist und nicht die Welt oder der Körper gemeint ist, gehen wir möglicherweise feindselig mit uns und anderen um im Glauben, wir seien freundlich und liebevoll. Was Veränderung braucht, ist unser Denksystem. Das Verhalten folgt unausweichlich.

In dem Abschnitt im *Handbuch für Lehrer*, in dem die Frage nach äußeren Veränderungen erörtert wird: »Sind Veränderungen in der Lebenssituation der LEHRER GOTTES erforderlich?« (H-9), erklärt Jesus, dass der Schwerpunkt nicht auf äußeren Veränderungen liegt. Was wirklich wichtig ist, ist eine *Veränderung der Einstellung*. Wie er weiter sagt, ist die fundamentale Veränderung, die von allen Lehrern GOTTES gefordert wird, *das Aufgeben des Urteilens*. Das würde unseren Geist von allen Egogedanken befreien, die unsere Urteile über das Verhalten trüben. Der Schwerpunkt unserer Aufmerksamkeit verlagert sich auf diese Weise von der Außenwelt der Körper auf die Innenwelt der Entscheidungsmacht des Geistes und noch genauer darauf, von welchem Lehrer wir lernen wollen: dem Lehrer des Urteils und Angriffs oder dem Lehrer der Vergebung und des Friedens.

Alle Gesetze, Regeln, Vorschriften und Vorurteile in der Welt sind Form gewordene Projektionen ebender Egogedanken, die uns gefangen zu halten scheinen. Sie besagen im Grunde: »Du sollst das Ego nicht infrage stellen. Du sollst das Ego nicht anschauen.« Aber der Löwe schaut, und wo er vorher eine undurchdringliche Gewitterwolke erblickte, sieht er jetzt einen dünnen Schleier, der keine Macht hat, das Licht zu verbergen: Das ist mit dem *Übermenschen* gemeint. Wir transzendieren nicht nur die Welt, sondern auch unsere eigene Gattung. Wir werden zu mehr als nur zu einem Mitglied der Gattung Homo sapiens, weil wir begreifen, dass die SOHNSCHAFT GOTTES *Inhalt*, nicht Form ist. Wir erkennen unsere Einheit mit allem – das entspricht dem mitfühlenden Wesen des Buddha – und können zu niemandem und nichts grausam sein. Denn wer kann die LIEBE GOTTES im Inneren fühlen und feindselig mit einem anderen Menschen, einem Tier, einer Pflanze oder selbst einer Maschine (einem nicht funktionierenden Auto oder Computer) umgehen? Eine innere Sanftmut und Güte dehnen sich durch uns aus und umfassen alles und jeden, ungeachtet seiner Form. Das ist das unausbleibliche Ergebnis, wenn man zu einem Löwen wird, der angeschaut hat, wozu die Welt und das Ego Ja sagen, es als Nein – als Verneinung der Wahrheit – begreift und schlicht erklärt: »Ich will das nicht. Ich entscheide mich anders.«

Recht sich nehmen zu neuen Werten – das ist das furchtbarste Nehmen für einen tragsamen und ehrfürchtigen Geist.

Nietzsche kehrt immer wieder zum Bild des »tragsamen Geistes« zurück. Er will uns klarmachen, dass dies ein schwieriger Pfad ist. Es gibt Bürden, sie werden jedoch nicht von außen auferlegt. Letztlich sind es unsere eigenen Ängste und Widerstände gegen die Wahrheit. Nietzsche verwendete nie den Begriff *Widerstand* auf die Weise, wie Freud es tat, aber er war sich seiner Bedeutung sehr wohl bewusst. Im gesamten Buch tritt dieser Abwehrmechanismus an den Reaktionen der anderen Figuren auf Zarathustra zutage. Sie wollen die Wahrheit nicht hören, und deshalb gab Nietzsche seinem Buch den Untertitel »Ein Buch für alle und keinen«. So hätte auch Jesus die drei Bände des Kurses betiteln können. Es sind Bücher für *alle,* weil sie eine universelle Lehre enthalten, und gleichzeitig für *keinen,* weil niemand die Wahrheit hören will. Niemand wusste das besser als Nietzsche.

Unsere Angst vor der Wahrheit ruft den Widerstand auf den Plan, und das war die Quelle des großen Zitterns, mit dem sich Nietzsche selber innerlich dem Gedanken der *ewigen Wiederkehr des Gleichen* näherte. Wie bereits deutlich wurde, grenzt dieser Begriff an das Verständnis, dass lineare Zeit eine Illusion ist. Denken wir daran, dass dies vor Einstein und der Quantenphysik geschrieben wurde. Nietzsche verstand intuitiv, dass die Welt nicht das ist, wofür wir sie halten. Sie bewegt sich kreisförmig durch die Zeit, da wir andauernd dieselben Erfahrungen wiederholen. Nietzsche kannte die endgültige Antwort nicht, aber er wusste zweifellos, was die Welt war, ebenso wie Freud, der ebenfalls nicht die endgültige Antwort kannte, aber gut verstand, wie das Ego funktioniert. Sie waren verwandte Geister.

Angesichts dessen ist es interessant festzustellen, dass Nietzsche im Rahmen dieses kleinen Juwels relativ wenig Zeit auf das Kind verwendet. Der Hauptteil der »drei Verwandlungen« ist dem Kamel und dem Löwen vorbehalten. Das liegt zum einen daran, dass sich sehr wenig über die Wahrheit sagen lässt. Doch persönlicher auf Nietzsche bezogen, kannte er das Kind nicht so von innen heraus, wie er das Kamel und den Löwen kannte. Er lebte das Leben eines Kamels im ersten Abschnitt seines Lebens, und danach war er ein Löwe, der lehrte, dass alle Werte falsch sind, weil die Welt lügt, das Christentum die Wahrheit verzerrt und die Menschen sich verbiegen und zu einem Teil des Systems werden, statt es zu transzendieren. Selbst sein ehemals so geliebter Wagner hatte sich in seinen Augen verkauft.

Was Nietzsche im *Zarathustra* lehrte, war der Übermensch, derjenige, der sich selbst transzendiert und über das hinausgeht, was er ist. Wie schon erwähnt, ist dies in etwa vergleichbar mit dem, was Jesus einen fortgeschrittenen Lehrer

GOTTES nennt, den letzten Schritt vor dem Erreichen der wirklichen Welt. »Recht sich nehmen zu neuen Werten – das ist das furchtbarste Nehmen für einen tragsamen und ehrfürchtigen Geist.« Warum?

Weil unser Leben – der Stoff selbst, aus dem unsere Existenz gemacht ist, ihre DNA sozusagen – auf dem Wert der Trennung gründet, darauf, getrennt von unserer QUELLE zu sein und eine separate Identität zu besitzen, die uns voneinander getrennt hält. Wir haben sehr große Angst, einzugestehen, dass dieser Wert falsch ist, denn wir fürchten uns vor dem neuen Wert. Doch der Löwe weiß nicht, wie er lautet. Dieses Gewahrsein besitzt nur das Kind.

Wahrlich, ein Rauben ist es ihm und eines raubenden Tieres Sache.

Der Löwe frisst die alten Werte. Nietzsche verwendet das Symbol des Löwen, weil er ein Beutetier ist, der König der Tiere, der stärker als alle anderen ist und sie besiegt. Doch wie deutlich wurde, meint Nietzsche nicht rohe Kraft, militärische Gewalt oder das Triumphieren über Übeltäter. Wenn es in seiner Zeit schon Bomben gegeben hätte, hätte er nicht empfohlen, sie auf andere Menschen zu werfen. Der Übermensch besitzt die *innere* Kraft, die das Ego frisst und es verschlingt, nicht als Akt der Aggression, sondern als das bereits erwähnte »stille Verschmelzen« (siehe S. 65).

Als sein Heiligstes liebte er einst das »Du-sollst«.

Das ist der Löwe, als er noch ein Kamel war: der Geist am Anfang seiner Reise. Es ist in den ersten Jahrzehnten des Lebens schwierig, sich nicht die Werte der Welt zu eigen zu machen. Wir würden sie nicht anstreben, wenn wir uns nicht mit unseren vielerlei besonderen Beziehungen zumindest auf irgendeiner Ebene identifizieren würden. Das Gründen einer Familie, romantische Liebe, körperliche Lust, Talent, Beruf, Geld oder einen attraktiven Körper – all dies haben wir verehrt und für heilig gehalten. Ich kann nicht genug betonen, dass wir nicht zur letzten Phase der Reise gelangen, ehe wir nicht durch diese Phase hindurchgegangen sind. Bevor wir uns *gegen* die Welt entscheiden können, müssen wir erst einmal gut mit der Welt zurechtkommen. Andernfalls werden wir ein Leben lang behindert sein und nie zum Kind werden. Stattdessen werden wir das Kind sein, von dem Jesus im Kurs spricht: jemand, der unwissend ist und ständig Wutanfälle hat, Aufmerksamkeit will und auf seinem Gefühl besteht, ungerecht behandelt zu werden.

Als sein Heiligstes liebte er einst das »Du-sollst«: Nun muss er Wahn und Willkür auch noch im Heiligsten finden, dass er sich Freiheit raube von seiner Liebe: des Löwen bedarf es zu diesem Raube.

Wir müssen uns von dem frei machen, was wir einst liebten, und das geschieht, indem wir uns dagegen entscheiden und sogar das loslassen, was wir für den heiligsten Gegenstand unserer Identifikation hielten – unser individuelles, besonderes Selbst. Wir erkennen, dass dies alles nur »Wahn und Willkür« war. Doch unsere Angst ist groß, und deshalb ist es so schwierig, dieses Stadium zu erreichen.

Von den sechs Phasen, die in der »Entwicklung des Vertrauens« behandelt werden (H-4.I.A), umfasst der Löwe, wie bereits erwähnt, im Wesentlichen die ersten vier. Die ersten drei sind mehr oder minder identisch, denn sie führen vom Äußeren weg nach innen und legen den Schwerpunkt auf die Einsicht, dass das, was wir bisher als wertvoll beurteilt haben, wertlos ist. Von der zweiten Phase heißt es:

Er wird feststellen, dass viele, wenn nicht die meisten Dinge, denen er vorher Wert beigemessen hatte, lediglich seine Fähigkeit behindern, das, was er gelernt hat, auf jeweils neue Situationen zu übertragen. Weil er dem Wert beigemessen hat, was wirklich wertlos ist, wird er die Lektion aus Angst vor Verlust und Opfer nicht verallgemeinern (H-4.I.4:3-4).

Wir haben Angst, dass wir uns selbst verlieren, wenn wir das Gelernte verallgemeinern. Demzufolge hat nicht nur ein bestimmtes Ding, dem wir

Wert beigemessen haben, keinen Wert mehr für uns, sondern *nichts* hier hat einen Wert. Wir erkennen die Wertlosigkeit, die allem in der Welt innewohnt, und das ist es, was uns solche Angst macht. So drückt sich die Übertragung (oder Verallgemeinerung) des Lernens aus, von der Jesus am Anfang des Übungsbuchs spricht (Ü-I.Einl.4-7). Jetzt beginnen wir zu begreifen, dass nicht die Dinge der Welt wertlos sind, es ist das Ding in uns selbst – *was wir zu sein glauben* –, das wahrhaft wertlos ist. Die Welt ist bloß eine Projektion der Nichtigkeit unseres Egoselbst. Sich dieser Tatsache bewusst zu werden hat die panische Angst zur Folge, auf die Nietzsche anspielt.

Deshalb ist es wahrscheinlich, dass die Phase der Überschneidung eine Zeit ist, in der der Lehrer GOTTES sich dazu aufgerufen fühlt, das, was zu seinem Besten ist, für die Wahrheit zu opfern (H-4.I.5:5).

Das ist das Problem. Dem Ego zufolge werden wir verschwinden, wenn wir die Werte der Welt für diesen neuen Wert (die Unschuld des Kindes) aufgeben; wir werden uns selbst verlieren, indem wir opfern, was »zu unserem Besten« ist. Damit ist schlicht und ergreifend das Überleben unserer getrennten und besonderen Identität gemeint, wobei jemand anders für sie verantwortlich gemacht wird und die Strafe verdient, von der wir insgeheim glauben, dass sie uns treffen sollte. Das ist der doppelte Wert, den wir der Welt beimessen: Wir wollen unser getrenntes Selbst behalten und einem anderen die Schuld an unserem Elend geben. Das erklärt, warum wir so gerne hassen und anderen Schmerz zufügen, sei es unter dem Deckmantel nationaler Interessen, die das Foltern des Feindes rechtfertigen, oder in der privaten Welt der besonderen Beziehungen. Durch das Zufügen von Schmerz wird der primäre Zweck des Ego aufrechterhalten: »Ich verletze dich nur, weil du es verdienst. Du bist zweiter, ich bin erster Klasse. Du zählst nicht. Das Einzige, was zählt, ist *meine* Rasse, *meine* Religion, *mein* Land, *mein* Selbst.« So erhalten wir den Wert der persönlichen Existenz aufrecht, aber auf Kosten eines anderen – das ist für das Ego der Himmel auf Erden.

Daran wird deutlich, warum wir vor der Vergebung als Lebensweise flüchten wollen; sie untergräbt die Treue zu unserem Grundwert. Sie wirft ein Licht auf das, was an der Welt verkehrt ist. Und deshalb ist beispielsweise nicht die Politik eines Staates gegenüber einem anderen das Problem. *Jede* Politik ist hasserfüllt, weil jede auf Nationalismus und getrennten Interessen gründet. Der einzige wahre Wert auf dieser Welt – weil er den im HIMMEL herrschenden Wert des vollkommenen Einsseins repräsentiert – sind gemeinsame Interessen, ein Sinn und Zweck, den *alle* Menschen miteinander teilen. Wenn wir jedoch diesem Wert treu sind, geben wir auf, wer wir sind: unsere Substanz selbst, die Grundlage unserer besonderen

Existenz. Deshalb werden die ersten drei Phasen in der »Entwicklung des Vertrauens« als schmerzhaft und sogar als beängstigend beschrieben. Tatsächlich benutzt Jesus Worte wie *Aufheben*, *schmerzhaft*, *schwierig*, *Not*, *enorme Konflikte*, um sie zu beschreiben. Es ist also nicht einfach, ein Löwe zu werden.

Wenn wir uns jedoch wie wilde Löwen gebärden und all das, was in unserer persönlichen und kollektiven Welt falsch läuft, heftig geißeln, sind wir überhaupt keine Löwen, sondern bloß Kamele, die sich als etwas ausgeben, was sie nicht sind. Was könnte törichter sein als ein Kamel, das sich als Löwe ausgibt! Doch genau das tun wir. Es sei daran erinnert, dass das Kamel ein Anhänger der Werte der Welt ist und sie hochhält. Das Ankämpfen gegen diese Werte verstärkt nur unseren eigenen Glauben an sie. Ganz gleich, ob wir einer Sache dienen oder sie bekämpfen, wir machen sie damit wahr und können folglich nie frei von ihr sein. Es fehlt dabei die Liebe, denn Liebe in dieser Welt ist das Gewahrsein unseres gemeinsamen Interesses der Vergebung und damit die Abwesenheit aller Trennung, getrennter Interessen und Opposition.

Es ist ihm bis jetzt noch nicht klar geworden, wie gänzlich unmöglich eine solche Forderung wäre. Er kann das nur lernen, indem er das Wertlose tatsächlich aufgibt (H-4.I.5:6-7).

Wir müssen begreifen, wie absolut wahnsinnig der Glaube ist, dass wir zwangsläufig unser Glück aufs Spiel setzen, wenn wir uns für die Wahrheit entscheiden, und deshalb Verlust erleiden werden. Geistige Gesundheit ist die Einsicht, dass wir dem zuwiderhandeln, was zu unserem Besten ist, wenn wir uns mit dem zentralen Wert des illusorischen Egodenksystems identifizieren, das auf Trennung und Hass gründet und prinzipiell wertlos ist.

Dadurch lernt er, dass er dort, wo er Gram erwartete, stattdessen eine glückliche Unbeschwertheit findet ... (H-4.I.5:8)

Hier zeigt sich uns Zarathustra in seiner Höchstform. Den ganzen Tag lang lacht und tanzt er und demonstriert die »glückliche Unbeschwertheit«, die uns erwartet, wenn wir uns über die Wolken erheben und beim Hinabschauen keine Gewitterwolken, sondern ein hauchdünnes Nichts erblicken, das das Licht nicht daran hindern kann, hindurchzuscheinen. Die Unbeschwertheit, die Jesus beschreibt und die die Grundlage für Liebe in dieser Welt bildet, ist die Essenz von Nietzsches Zarathustra. Sie ist das, was uns alle zu glücklichen Schülern macht (T-14.II).

... und dort, wo er dachte, etwas werde von ihm verlangt, eine Gabe findet, die ihm verliehen wird (H-4.I.5:8).

Das ist der Kern dessen, worauf Jesus im Textbuch am Anfang des 24. Kapitels hinweist:

> Diesen Kurs zu lernen erfordert die Bereitwilligkeit, jeden Wert infrage zu stellen, den du hast. Es gibt nicht einen einzigen, den du versteckt und verschleiert halten kannst, ohne dein Lernen zu gefährden (T-24. Einl.2:1-2).

Damit ist *jeder* Wert gemeint – alle »Du sollst« und »Du sollst nicht«, aus denen die vielen Schuppen des Drachen bestehen. Irgendwann verallgemeinern wir diese Lehre und merken, dass der Drache nicht Tausende, sondern nur eine Schuppe hat. Wir begreifen schließlich, dass die Werte und Konzepte religiöser, politischer, ökonomischer oder sozialer Art, von denen die Welt uns weismachte, sie seien wahr, falsch waren, weil sie gemacht wurden, um den eigentlichen Wert unserer besonderen Existenz als ein vom SELBST getrenntes Selbst aufrechtzuerhalten. Aus dieser Besonderheit bestehen die Schuppen des Drachen.

Deshalb erläutert Jesus ebenso wie Zarathustra, dass wir jeden Wert infrage stellen müssen. Das ist mit dem Drachentöten gemeint. Wir beginnen, indem wir das Äußere infrage stellen – das, was unsere Eltern, Religionen, Politiker oder irgendwelche Autoritäten uns beigebracht haben. Wir hinterfragen alles. Die alte Mysterienschule der Rosenkreuzer lehrte, dass unser Leben ein wandelndes Fragezeichen sein müsse. Zuerst lernen wir von jedem und allem – das ist die Demut des Kamels –, denn auf diese Weise wachsen wir auf. Wenn wir reif genug sind, mit dem Leben in der Welt zurechtzukommen, beginnen wir mit dem Hinterfragen und werden auf diese Weise zu Löwen. Wir schauen die Werte der Welt an, die »heiligen Jas«, die unser Leben hier regieren, und sehen, dass diese in Wirklichkeit Verneinungen der Wahrheit waren. Wir schauen und erklären: »*Ich* war die Negation der Wahrheit und will dies nicht mehr sein. Ich kann nicht mehr der Welt die Schuld geben, denn ich bin in der Tat mein eigener Herr und Meister.«

Dann werden wir zu dem hingeführt, was Jesus die vierte Phase in der Entwicklung des Vertrauens nennt: Es ist die Phase des Friedens, in der wir begreifen, dass die Welt uns nichts anhaben kann. Ganz gleich, was geschieht, wir messen dem, was die Welt wertschätzt, keinen Wert mehr bei, sondern nur dem, was in uns wirklich wertvoll ist. Damit ist, praktisch gesprochen, unsere Beziehung zum HEILIGEN GEIST, zu Jesus oder irgendeiner anderen Präsenz gemeint, die unser Nichtego-Selbst symbolisiert. Sobald wir uns aufregen, gehen wir in unseren Geist und erklären, wie es in Übungsbuchlektion 34 heißt: »Ich könnte stattdessen Frieden sehen« oder »Ich könnte stattdessen Jesus sehen; ich könnte *bei* Jesus statt bei meinem Ego sein; ich könnte seine Liebe und seinen Frieden spüren anstelle dessen, was ich jetzt fühle.« Diese veränderte Haltung ist unser neuer Wert und die Gabe, die uns geschenkt wird. Es ist nicht der endgültige Wert, denn noch befinden wir uns in der vierten Phase, der Phase des Löwen und der Individualität. Dennoch begreifen wir, dass das, was wirklich wertvoll ist, nicht das Äußere ist. Nichts im

Äußeren kann etwas bedeuten, weil es weder der Frieden GOTTES ist noch die Liebe, die alle Menschen umfasst. Es sei wiederholt: Jeder Gedanke, der nicht alle *ohne Ausnahme* umfasst, ist wertlos. Das ist eines der zentralen Kriterien bei der Unterscheidung des Wertvollen und des Wertlosen. Wenn ein Gedanke Unterschieden innerhalb der SOHNSCHAFT Bedeutung gibt, ist er wertlos. Wenn er 99,99 Prozent der Bevölkerung einschließt und nur einen Bruchteil ausschließt, und sei er noch so winzig, ist er dennoch wertlos. Die SOHNSCHAFT GOTTES ist allumfassend, ein vollkommenes Ganzes, und jeder von uns ist ein integraler Bestandteil dieses Ganzen.

Die verschiedenen Werte der Welt lassen sich immer auf den einen Wert reduzieren, den die Welt am meisten liebt: das Prinzip von *Ich oder du* – einer gewinnt, ein anderer verliert, und wir werden alles dafür tun, dass wir gewinnen. Selbst wenn wir scheinbar verlieren, gewinnen wir am Ende, denn unser Verlust bedeutet, dass jemand es uns angetan hat. Irgendjemand hat uns zum Opfer gemacht, verfolgt, gequält, verraten oder verlassen. Und so wird GOTT am Ende *uns* zu sich erheben und alle anderen in die Hölle werfen. Das ist der Wahnsinn, den die Welt über alles schätzt.

Ein Löwe sein heißt also, alles anschauen, was die Welt für wertvoll hält – den Glauben, dass es einen Gewinner und einen Verlierer gibt –, und zu erklären, dass wir das nicht mehr wollen. Dieser Zustand, vergleichbar mit der vierten Phase in der

Entwicklung des Vertrauens, hat Frieden und ein Gefühl der Freiheit zur Folge. Nun können wir glücklich sein und Frieden haben, ganz gleich, was um uns herum geschieht. Das erlaubt uns, den *Willen zur Macht* zu akzeptieren, der Nietzsche heilig war und der besagt: »Ich will. Ich bin der allmächtige Träumer meines Traums, keine schwache und verletzliche Traumfigur, die ›in der Gewalt von Dingen jenseits von [ihr] ist, von Kräften, die [sie] nicht kontrollieren [kann], und von Gedanken, die [ihr] gegen [ihren] Willen kommen‹ (T-19.IV-D.7:4)«.

Es sei an folgende Stelle erinnert:

> Lass sie so hasserfüllt und so bösartig sein, wie sie nur wollen, sie könnten keine Wirkung auf dich haben, es sei denn, du versäumtest zu begreifen, dass es dein Traum ist (T-27.VIII.10:6).

Stellen wir uns die tatsächliche Macht vor, die wir auf diese Weise erhalten. Jetzt haben wir wirklich alle Macht im HIMMEL und auf Erden, wie es in den Evangelien von Jesus heißt (z.B. Mt 28,18), was der Grund dafür ist, aus dem diese Stelle im Kurs mehrmals zitiert wird (z.B. T-5.II.9:2, Ü-I.191.9:1). Als Entscheider haben wir die Macht, die Hölle des Ego oder den HIMMEL des HEILIGEN GEISTES zu wählen. Niemand kann das für uns tun. Niemand kann uns in die Hölle werfen oder uns in den HIMMEL führen. Wir allein haben diese Macht: den Willen unseres Geistes zu wählen. Mit dieser Wahl sind wir noch nicht am Ende unseres Weges angelangt, aber sie befreit uns aus der Wüste. Wir sind jetzt frei vom Drachen, denn wir erkennen, dass jedes »Du sollst« nichts anderes als unsere eigene Entscheidung war, eine Entscheidung, die wir nun froh korrigieren. Das Infragestellen unseres Bekenntnisses zu den Werten der Welt – einer Beziehung, einem Beruf, der Weise, wie wir Krankheit, Politik, Wirtschaft oder die Welt im Allgemeinen betrachten – ist Ausdruck einer fundamentaleren Veränderung des Denkens.

Bevor wir einige Stellen aus dem Übungsbuch erörtern, die sich auf das Stadium des Löwen beziehen, möchte ich die bisherigen Ausführungen kurz zusammenfassen.

Die spirituelle Reise

Den Rahmen unserer Erörterung bildet die spirituelle Reise, eine Reise, die an einem scheinbar ganz unspirituellen Ort beginnt: Wir lernen, in der Welt zu leben und uns an sie anzupassen. Wir übernehmen die weltlichen Werte, nur damit wir, wenn wir ein mittleres Alter und eine gewisse Reife erreicht haben – was unabhängig von unserem biologischen Alter ist –, verstehen können, dass die Welt keinen Sinn ergibt und jedes Wertes entbehrt, weil sie uns nicht den Frieden GOTTES schenkt. Wenn etwas uns nicht zum Frieden GOTTES führt, dem einzig wahren Wert, wie könnte es dann überhaupt von Wert für uns sein?

Das erste Stadium, das Nietzsche das Kamel nennt, besteht darin, demütig die Last des In-der-Welt-Seins auf sich zu nehmen und physisch wie auch psychisch die Kunst des Überlebens zu meistern. Das ist keine unbeträchtliche Leistung. Wir müssen nicht perfekt sein, aber wir müssen aufrichtig leben. Einer Hindu-Tradition zufolge gründet ein Mann eine Familie und zieht Kinder auf, und wenn sie erwachsen sind, verlässt er sie, um seinem spirituellen Weg zu folgen. Ich weiß nicht, wo da seine Frau bleibt, aber das ist ein anderes Problem. In gewisser Weise bezieht sich diese Tradition auf das Kamel – wir meistern das Leben in der Welt und entwickeln ein Gefühl des Selbst. Dann kommt der nächste Schritt. Als Kamel sagen wir somit Ja zur Welt in dem Glauben, sie habe Bedeutung und werde uns das geben, was wir wollen, nur um anschließend einen Schritt zurückzutreten, unser Leben anzuschauen und zu erklären, dass wir ihre Gaben nicht mehr wollen.

Die zweite Verwandlung geschieht, wenn wir schließlich die Augen öffnen und merken, dass wir uns in einer unfruchtbaren Wüste aufhalten, in der es keine Hoffnung gibt, dass etwas von Bedeutung geschieht. Damit erklären wir, dass es einen anderen Weg, einen anderen Lehrer oder ein anderes Symbol geben muss, mit dem wir in Beziehung treten können. An diesem Punkt verwandelt sich unser Selbst (oder Geist) in einen Löwen. Was wir bis dahin geschätzt hatten, erachten wir jetzt als wertlos. Ich möchte es noch einmal wiederholen, denn es ist wichtig: Diese zweite Phase ergibt keinen Sinn, wenn wir nicht die erste Phase hinter uns gebracht haben.

Das Infragestellen von Werten, das im Geist geschieht, kann verschiedene Formen annehmen. Wie deutlich wurde, beinhaltet es nicht unbedingt eine Veränderung unseres Verhaltens oder unserer Rollen. Es bedeutet nicht, dass wir unsere Stelle kündigen, unseren Beruf aufgeben oder unsere Familie verlassen. Die Veränderung der Werte beginnt vielleicht damit, dass wir die Worte infrage stellen, die wir von gewählten Amtsträgern, in den Medien oder samstags in der Synagoge bzw. sonntags in der Kirche von religiösen Autoritäten zu hören bekommen. Die gleichen Worte, die wir jahrelang gehört haben, klingen nicht mehr wahr. Wir hinterfragen unsere elementaren Beziehungen – in der Tat alle Beziehungen –, weil wir sehen, wie sie auf dem Abkommen der Besonderheit aufgebaut sind. Uns fällt allmählich auf, dass »etwas faul ist im Staate« unserer Familie oder unserer Firma. Zunehmend werden uns die Werte der Besonderheit bewusst, die wir übernommen hatten, ohne das Egodenksystem hinter dem zu sehen, was wir bis dahin für Liebe oder Pflichterfüllung gehalten haben. Daher waren diese Beziehungen nicht wirklich liebevoll oder beglückend; sie waren vielmehr Werkzeuge, um die Urteile aufrechtzuerhalten, die uns noch stärker in der Welt der Illusion verankern.

Und so stellen wir infrage und beginnen auf irgendeiner Ebene, die wir erträglich finden. Es ist wichtig zu erkennen, dass sich im Infragestellen des Äußeren – einer Beziehung, eines Jobs, unserer Ansichten über Krankheit, Politik oder Wirtschaft – lediglich die Entscheidung unseres Geistes spiegelt. Wenn wir das, was wir erleben, nicht mit dem Inneren in Verbindung bringen, werden wir nicht imstande sein zu lernen und anzuwenden, was Jesus uns in seinem Kurs lehrt. Natürlich müssen wir unseren Erfahrungen als Körper in der Welt Aufmerksamkeit schenken, aber nur insofern, als sie uns zu dem hinführen, was sich in unserem Geist abspielt.

> Die Welt, die du siehst, ist … das äußerliche Bild eines inneren Zustands (T-21.Einl.1:2,5).

Deshalb ist es so wichtig, daran zu denken, dass sich die besondere Beziehung nicht wirklich zwischen uns und einem anderen abspielt, sondern lediglich zwischen unserem Entscheider und dem Ego; und ebenso ist nur dann eine heilige Beziehung gegeben, wenn unser Entscheider Jesus als seinen Lehrer gewählt hat. Was wir als besondere und heilige Beziehung zwischen Körpern erleben, ist bloß die Form gewordene Projektion einer von uns getroffenen Entscheidung, falsch- oder rechtgesinnt zu sein. Es gibt daher nur *eine* besondere und nur *eine* heilige Beziehung. Wie schon erwähnt, sind alle äußeren Beziehungen – zwischen Körpern – bloße (aus dem Ego stammende) Projektionen oder (aus dem HEILIGEN GEIST stammende) Widerspiegelungen der Wahl des Geistes. Wenn wir beginnen, den Wert einer Beziehung infrage zu stellen, werden wir uns der Abkommen bewusst, die wir mit anderen abgeschlossen haben, sei es in persönlichen, beruflichen oder zum Beispiel solchen Beziehungen, die in unserer Fantasie zwischen uns und den Inhabern öffentlicher Ämter bestehen. Die gute Nachricht lautet, dass der Umstand, eine Beziehung infrage zu stellen, bereits darauf hindeutet, dass wir mit offenen Augen auf den Wert schauen, den wir der Beziehung des Geistes zum Ego gegeben hatten.

Bevor Helen und Bill die schicksalhafte Unterredung* führten, die mit ihrer Übereinkunft endete, »einen anderen Weg« zu finden, hatten sie also beide eine Entscheidung im Geist getroffen, ihr Ego beiseitezulassen und seinen Gaben von Konflikt, Ärger, Urteil und Elend keinen Wert mehr beizumessen. Diese Entscheidung drückte sich in Form ihres Gesprächs aus, denn Helen und Bill hielten sich für Körper, die in einer Beziehung zueinander standen. Dass sie imstande waren, ihr Ziel zu ändern und sich miteinander zu verbinden, war jedoch das Ergebnis davon, dass sie zuerst innerlich diese Wahl getroffen hatten. Noch einmal: Wir betrachten das Äußere als Mittel, um zum Inneren zurückzukehren. In einer Stelle, die eine Parallele zu der Aussage bietet, die wir weiter vorn zitiert haben, heißt es, dass Wahrnehmung

* Siehe zum Beispiel Kenneth Wapnick, *Einführung in Ein Kurs in Wundern*, Greuthof Verlag, 1995, S. 10 f.

> das äußerliche Abbild eines Wunsches [ist], ein Bild, von dem du wolltest, dass es wahr sei (T-24.VII.8:10).

Als Löwen müssen wir unsere Erfahrungen in der Welt bewusst wahrnehmen und erkennen, dass die Welt nicht das ist, was wir dachten. Finanziell erfolgreich zu sein, erfüllende Beziehungen zu haben oder Kinder aufzuziehen hat uns nicht den Frieden GOTTES gebracht. Die Bereitwilligkeit, Werte infrage zu stellen, ist die Wirkung der zugrunde liegenden Ursache, den Wert des Ego selbst infrage zu stellen. Als Kamel wissen wir nicht, dass wir einen Geist haben, denn wir erleben uns immer noch als Körper, der mit anderen Körpern umgehen und mit dem Leben in der Welt zurechtkommen muss. Da wir uns des Geistes nicht bewusst sind, öffnen wir mit unserer Bereitwilligkeit, das Äußere infrage zu stellen, die Tür, die unserem Entscheider erlaubt zu sagen, dass es eine andere Betrachtungsweise geben muss. So rasch wir können – und dem Kurs zufolge besteht der Zweck des Wunders darin, Zeit einzusparen (z.B. T-1.II.6) –, sollten wir begreifen, dass sich in der Änderung unserer Wahrnehmung von einem anderen Menschen die Änderung unserer Selbstwahrnehmung spiegelt: »Ich bin kein Kind der Schuld mehr, sondern ein Kind GOTTES.«

Das versetzt uns in die Lage, das Gelernte zu verallgemeinern. Wenn wir ständig unsere Wahrnehmung von sämtlichen Beziehungen, Arbeitssituationen oder Ereignissen in der Welt ändern müssten, würden wir niemals Heilung erfahren, weil das Konkrete fast unendlich viele Facetten hat. Bei gegenwärtig sieben Milliarden Menschen und Millionen anderer Gattungen, ganz zu schweigen von den ständig wechselnden Ereignissen in unserem Leben, stehen uns zahllose Objekte für unsere Projektionen zur Verfügung. Doch wenn wir jede Wahrnehmung zu ihrer jeweiligen Quelle zurückbringen – unserer Wahl, uns in der Falschgesinntheit beim Ego oder in der Rechtgesinntheit bei Jesus aufzuhalten –, ändert sich alles. Mithilfe des Prinzips der Übertragung erkennen wir, dass alle Fehlwahrnehmungen (die Interpretationen des falschgesinnten Geistes von der Außenwelt) von der *einen* fehlgeleiteten Wahl im Geist stammen, und so lernen wir, dass sich unsere Erfahrung in der Welt ändern kann, wenn wir den ursprünglichen Irrtum aufheben, der darin besteht, den falschen Lehrer zu wählen.

In der Übungsbuchlektion 76 »Ich unterstehe keinen Gesetzen außer den Gesetzen GOTTES« wird dieses zweite Stadium der spirituellen Entwicklung gründlicher behandelt.

»Ich unterstehe keinen Gesetzen außer den Gesetzen GOTTES«

An vielen Stellen des Kurses bittet uns Jesus, uns auf den Prozess einzulassen, ein Löwe zu werden und das, was wir bis dahin für unantastbar gehalten haben – die verschiedenen Formen der Besonderheit, unsere Art, mit unserem Körper und den der anderen in Beziehung zu treten –, infrage zu stellen. Das kommt nirgends klarer zum Ausdruck als in der Übungsbuchlektion 76, in der Jesus die verschiedenen »Gesetze« aufzählt, die unser Leben regieren und denen wir offensichtlich Wert beimessen. Wir schätzen beispielsweise die Gesetze der Medizin, denn wir glauben, sie könnten für unser Wohlergehen sorgen, während die Gesetze der Krankheit uns Schmerz und Leid eintragen. Den Gesetzen der besonderen Beziehungen zufolge sind wir glücklich, wenn Menschen unsere besonderen Bedürfnisse erfüllen, und die Gesetze des Geldes suggerieren uns, dass wir besser dran sind, wenn es uns nicht an »kleinen Scheiben von Metall oder Schnipseln von Papier« mangelt (T-27. VIII.2:2, siehe auch Ü-I.76.3:2). In dieser Lektion bittet uns Jesus, diese weltlichen Werte im Einzelnen zu überdenken.

Wir haben bereits festgestellt, wie viele unsinnige Dinge dir als Erlösung erschienen (Ü-I.76.1:1).

Das sind die verschiedenen Dinge in der Welt, die wir als Kamel zu tun lernen, damit es uns gut geht. Wenn ich mich in der Ausbildung anstrenge und einen Abschluss mache, finde ich eine bessere Arbeit; mit einer besseren Arbeit verdiene ich mehr Geld, und wenn mir meine Tätigkeit Spaß macht, bin ich glücklicher. Das ist Erlösung in den Augen der Welt, und sie besteht im Wesentlichen darin, bestimmte Ziele zu erreichen: Beziehungen, eine Familie und einen Körper, der so aussieht oder sich so anfühlt, wie wir es gern hätten. Zunächst übernehmen wir diese Werte und müssen sie auch übernehmen, wenn wir überleben wollen. Doch wenn uns klar wird, dass wir mehr wollen, als bloß zu überleben, beginnt das nächste Stadium, in dem wir als Löwe anfangen, unser Leben infrage zu stellen. Diese Lektion hilft uns dabei.

Ein jedes hat dich mit Gesetzen gefangen gesetzt, die ebenso unsinnig sind wie es selbst. Du bist nicht durch sie gebunden (Ü-I.76.1:2-3).

Als Körper *sind* wir durch sie gebunden. Die einzige Art und Weise, nicht gebunden zu sein, ist zu begreifen, dass wir kein Körper sind, und uns somit über das Schlachtfeld zu erheben, wie Zarathustra es tat. Als Geist sind wir nicht durch die Welt unterhalb der Wolken der Trennung und Schuld gebunden. Das heißt jedoch nicht, dass wir den Körper und seine Bedürfnisse verleugnen sollten, und deshalb ist die erste Lebenshälfte so wichtig. Als Löwe lernen wir, lediglich den Wert zu verneinen, den wir dem Körper gegeben haben und der darin besteht, uns im Traum festzuhalten und damit unsere Rückkehr zur *Ursache* des Traums, zur Entscheidung des Geistes für das Ego, zu verhindern. Die Wertschätzung des Körpers stellt sicher, dass wir unseren Geist nie vom Traum weglenken und nach Hause zurückkehren, und darin besteht natürlich die fundamentale Strategie des Ego, uns für immer geistlos zu halten.

Irgendetwas in der Welt Wert beizumessen ist eine Weise, uns hier zu halten. Der Wert dient diesem Zweck. Das Erstaunliche ist, dass wir die Lüge *wollen*, denn wir sind Kinder der Lüge, und die ursprüngliche Unwahrheit besteht darin, dass wir uns von unserer QUELLE getrennt haben. Alles, was von dieser ontologischen Illusion herstammt, hat an ihr teil. Man braucht sich nur vor Augen zu führen, dass wir wissen, dass Politiker lügen, ohne dass es uns jedoch davon abhält, ihnen Glauben zu schenken. Das ist keine Frage von Parteizugehörigkeit, Prinzipien oder dem Umstand, ob uns das Aussehen eines Kandidaten gefällt. Es hat mit dem fundamentaleren Wert zu tun, *die Lüge wahr machen zu wollen*, denn dadurch bleibt unsere getrennte und besondere Identität wahr.

Es ist für uns wirklich beängstigend zu sagen, dass wir nichts von dem glauben, was irgendjemand von sich gibt, doch das wäre das Weiseste, was wir sagen könnten, wie Sokrates vor 2500 Jahren lehrte. Am Ende des Textbuchs findet sich folgende Stelle:

> Es gibt keine Aussage, die die Welt mehr zu hören fürchtet, als diese:
>
> *Ich weiß nicht, welch ein Ding ich bin, und deshalb*
> *erkenne ich nicht, was ich tue, wo ich bin oder*
> *wie ich auf die Welt oder auf mich schauen soll.*
>
> Doch in diesem Lernen wird die Erlösung geboren. Und WAS du bist, wird dir von SICH berichten (T-31.V.17:6-9).

Da jeder, der in die Welt hineingeboren wird, das projizierte Produkt der ursprünglichen Lüge ist, müssen wir alle lügen. Einmal Atem zu holen spricht bereits für die Wirklichkeit des Egotraums der Trennung und für den Traum der Welt von Körpern, die geboren werden, leben und sterben. Ein fundamentales Prinzip im Kurs lautet, dass *Ideen ihre Quelle nicht verlassen*. Wenn die Quelle eine Lüge ist, dann müssen alle Ideen, die aus ihr fließen, ebenfalls eine Lüge sein, auch ihre Projektionen. Deshalb steht im Übungsbuch:

> Die Welt wurde als Angriff auf GOTT gemacht ... So war die Welt dazu gedacht, ein Ort zu sein, wo GOTT nicht einkehren und wo SEIN SOHN von IHM getrennt sein konnte (Ü-II.3.2:1,4).

Warum sollten wir angesichts des Angriffsgedankens, der die Welt vom Wesen her *ist*, irgendetwas glauben, was hier gelehrt wird? Wenn GOTT nicht hier ist und GOTT Liebe und Wahrheit ist, wer, der rechtgesinnt ist, würde dann je wollen, was die Welt anbietet? Doch da wir es alle wollen und uns eindeutig entschieden haben, hier zu sein, stecken wir alle zwangsläufig in der Falschgesinntheit.

Das also müssen wir uns anschauen und begreifen, warum wir der Lüge Wert beimessen und an Illusionen glauben wollen, wenn etwas in uns es besser weiß. Es ist eine Tatsache der menschlichen Existenz, dass wir nur an *uns selbst* interessiert sind: an unserem getrennten Selbst und unseren individuellen Interessen. Wir wollen alle, dass unsere besonderen Bedürfnisse befriedigt werden, und wir täuschen andere, um zu bekommen, was wir wollen, indem wir das essenzielle Einssein der Wirklichkeit verleugnen, das sich innerhalb der Welt in der Gleichheit des Geistes spiegelt, die uns alle verbindet. Auch wenn man in unserer Welt der Unterschiede Grade an Lügen ausmachen könnte, bleibt als Quintessenz, dass unsere bloße Identifikation mit den körperlichen Gesetzen von Geburt, Leben und Tod, die wir unmöglich verleugnen können, sobald wir hier zu sein glauben, bereits eine Lüge ist. Die Wahrheit innerhalb der Illusion hingegen lautet, dass wir Geist außerhalb von Raum und Zeit sind. Unsere Identität als gespaltener Geist ist die Voraussetzung dafür, dass wir bereit gemacht werden, zur Wahrheit unserer Wirklichkeit als Ausdehnungen des EINEN GEISTES zu erwachen.

Der Löwe versteht, dass wir nicht vom Körper und der Welt definiert werden, und deshalb zerstört er den Drachen und seine Schuppen. Doch diese Zerstörung vollzieht sich nicht durch das Schwert oder durch weltliche Macht, sondern einfach dadurch, dass wir das Ego mit einem sanften Lächeln anschauen – Zarathustras Lachen und Tanzen. Wenn wir lachen und um den Drachen herumtanzen, verschwindet er. In der *Zauberflöte*, Mozarts vorletzter und schönster Oper, gibt es die hinreißende Szene, in der Tamino, der Held, von gefährlichen Tieren umringt ist. Um seine Angst zu besänftigen, beginnt er, auf der Zauberflöte zu spielen. Die Tiere fangen an zu tanzen und legen sich nieder. So sollten wir auch mit dem Egodrachen umgehen. Wir holen unsere Zauberflöte der Vergebung hervor und spielen sie. Durch ihre freundliche und sanfte Musik wird der Egodrache zu einem kleinen Welpen. Das wilde Tier endet, um eine andere Metapher zu gebrauchen, als kleine Maus, die sich in einer Ecke des Universums verkriecht und sich die Lungen aus dem Leib schreit, ohne dass jemand sie hört (T-22.V.4). Deshalb brauchen wir das Ego nicht zu bekämpfen, sondern ihm nur dafür zu vergeben, dass wir es wahr und damit zu einem Monster gemacht haben.

Mit anderen Worten: Nicht die Welt ist es, die uns an die Welt bindet, sondern unser *Bedürfnis, Teil der Welt zu sein*: Teil der Lüge. Es gibt einen narrensicheren Test, um festzustellen, ob etwas eine Lüge ist. Wenn jemand etwas sagt, tut oder wertschätzt, das nicht die *gesamte* SOHNSCHAFT in ihren gemeinsamen Interessen umfasst, ist es eine Lüge. Von dem ehemaligen US-Außenminister Henry Kissinger hieß es früher, er lüge, sobald er die Lippen bewege. Doch das gilt nicht nur für ihn; wir alle lügen. Wir bewegen die Lippen ja bereits, wenn wir Atem holen. Aus diesem Grunde müssen wir unser Leben damit zubringen, das einfache Prinzip der gemeinsamen statt der getrennten Interessen zu üben in der Einsicht, dass nicht *jeden* in die SOHNSCHAFT einzuschließen heißt, jeden auszuschließen. Wenn wir dieses Prinzip anwenden, können wir nie fehlgehen.

Daher kann man sagen, dass das fundamentale Gesetz dieser Welt, auf dem alle anderen beruhen, die in dieser Lektion erwähnt werden, das Gesetz der getrennten Interessen ist. Der Glaube, wir hätten ein von GOTT getrenntes Interesse, ist der Anfang des Ego und des physischen Universums. Daran können wir erkennen, ob wir wirklich ein Löwe sind, der auf dem Weg ist, ein Kind zu werden, oder immer noch ein Kamel sein wollen, das nur so tut, als sei es ein Löwe oder ein Kind. Die Frage, die in unserem Geist an oberster Stelle stehen sollte, lautet also: »Will ich wirklich das Denksystem verlassen, durch das diese Welt entstanden ist, oder will ich mich sogar noch fester darin etablieren?« Unglücklicherweise wurden institutionalisierte Religionen und spirituelle Wege als Waffen gegen wahre Religion und Spiritualität verwendet. Sie erwecken den Anschein, als würden sie uns helfen, die Welt und das ihr zugrunde liegende Denksystem der Trennung zu verlassen, während sie uns in Wirklichkeit noch fester darin verankern. Wie gesagt: Das Zeichen, dass eine Lehre, ungeachtet ihrer Form, falsch ist, ist, dass sie nicht *ausnahmslos* alle Menschen einbindet; dass sie nicht über die Formen, die zwangsläufig trennen und Unterschiede machen, hinausführt zum Inhalt der Liebe, der uns miteinander vereinigt.

Daher sind die Gesetze, die in dieser Lektion aufgeführt werden, nur formgewordene Äußerungen des grundlegenden Gesetzes der Welt, dem zufolge getrennte Interessen die Wahrheit sind.

Wir wiederholen noch einmal den letzten Satz, der sich auf die Gesetze der Welt bezieht:

Du bist nicht durch sie gebunden. Um jedoch zu verstehen, dass dies so ist, musst du zuerst begreifen, dass die Erlösung nicht dort liegt. Solange du in Dingen danach suchst, die keinerlei Bedeutung haben, bindest du dich an Gesetze, die keinen Sinn ergeben. So suchst du zu beweisen, dass die Erlösung dort ist, wo sie nicht ist (Ü-I.76.1:3-6).

Das ist offensichtlich ein zentrales Thema im Kurs: Erlösung liegt in unserem Geist, nicht in der Welt, und sie lässt sich nicht in einem Ritual, einem GOTT der Form, einem Buch, einer religiösen Person oder einem heiligen Ort finden. Erlösung liegt nur im Geist, der Entscheidungsinstanz. Nach ihr in der geistlosen und dualistischen Welt von Körpern Ausschau zu halten hat zwangsläufig Frustration und illusionäre Gedanken der Heilung zur Folge. Das Gesetz des Geistes jedoch, *das heilt*, ist Vergebung, die Spiegelung von GOTTES Gesetz des vollkommenen Einsseins. Es ist das Gesetz der gemeinsamen Interessen im Gegensatz zu den getrennten Interessen des Ego, und dies hebt das Egodenksystem der Trennung und Besonderheit auf.

Denk an die Freiheit in der Einsicht, dass du an all die sonderbaren und verdrehten Gesetze

nicht gebunden bist, die du aufgestellt hast, um dich zu retten. Du meinst tatsächlich, dass du verhungerst, wenn du nicht Stapel farbiger Papierschnipsel und Haufen kleiner Scheiben aus Metall besitzt. Du meinst tatsächlich, dass ein kleines rundes Kügelchen oder eine Flüssigkeit, die durch eine spitze Nadel in deine Adern gedrückt wird, Krankheit und Tod abwendet. Du meinst tatsächlich, du seist allein, wenn nicht ein anderer Körper bei dir ist.
Es ist der Wahnsinn, der diese Dinge denkt. Du sagst, dass sie Gesetze sind, und reihst sie unter verschiedenen Bezeichnungen in einen langen Katalog von Ritualen ein, die nutzlos sind und keinen Zweck erfüllen. Du denkst, du müsstest den »Gesetzen« der Medizin, der Wirtschaft und Gesundheit folgen. Schütze den Körper, und du bist gerettet.

Dies sind keine Gesetze, sondern es ist Wahnsinn (Ü-I.76.3:1-5:1).

Diese Gesetze ergeben vollkommenen Sinn in dem Maße, in dem wir uns mit dem Körper identifizieren. Schließlich lehrt uns die Erfahrung, dass Körper krank und wieder gesund werden. Sie erleben sich als einsam und fühlen sich in der Gesellschaft anderer Körper besser, zumindest manchmal. Und wenn sie nicht essen, verhungern und sterben sie. Doch Jesus fordert uns nicht auf, die Bedürfnisse oder Gefühle unseres Körpers zu verleugnen, nicht zu essen, keine Medikamente einzunehmen, wenn wir krank sind, oder uns nicht mit einem anderen zusammenzutun, wenn wir einsam sind. Er möchte einfach, dass wir gemeinsam mit ihm einen Schritt zurücktreten und innerhalb des größeren Zusammenhangs, in dem diese Gesetze stehen (der Egostrategie, uns geistlos zu halten), die Komik sehen, die in dem Versuch liegt, etwas zu schützen und zu erhalten, was nicht existiert. Da eine solche Schau der fundamentale Zweck des Kurses ist, wimmelt es in allen drei Teilen – Textbuch, Übungsbuch und Handbuch für Lehrer – von Stellen wie der folgenden aus dem Textbuch:

> Es [das Ding, gemeint ist der Körper] leidet nicht unter der Strafe, die du erteilst, weil es gefühllos ist. Es verhält sich so, wie du es wünschst, trifft jedoch nie die Wahl. Es wird so wenig geboren, wie es stirbt. Es kann nur ziellos dem Weg folgen, auf den man es gesetzt hat. Wird dieser Weg geändert, so wandelt es genauso leicht auf einem andern Weg (T-28.VI.2:2-6).

Zarathustras Drache trägt Hunderttausende von Schuppen, auf dem »Du sollst« geschrieben steht. Doch in Wahrheit gibt es nur ein »Du sollst«: *Du sollst ein Ego sein und ihm nie wieder ins Gesicht schauen.* Aus unserem Gehorsam gegenüber diesem ontologischen »Du sollst« entstand eine Welt, in der wir diesem fundamentalen Egowert laufend Ehrerbietung erweisen. Wo also *ist* das Gesicht des Ego? Man kann es nicht in einem Spiegel oder in einem anderen erblicken, denn es ist nur ein Gedanke im Geist. Als Löwen werden wir gebeten, den Wert anzuschauen, den das Leben in der Welt für das Ego hat, und zu sehen, wie wir an ihm festhalten und damit die Wirklichkeit beeinträchtigen. Jesus möchte, dass wir verstehen, wie wir unsere spirituellen Systeme diesem »*Du sollst*« anpassen und verzweifelt versuchen, GOTT in die Welt hineinzuziehen, um dem Körper damit Wirklichkeit zu verleihen, ganz zu schweigen davon, dass wir beweisen wollen, dass die Quelle des Körpers, das falschgesinnte Egodenksystem der Trennung, ebenfalls wirklich ist. So verführerisch dieses Vorgehen auch sein mag, es wird uns nie den Frieden GOTTES bringen, denn es erweist nur der Gottheit des Ego Ehrerbietung, und sein falsches Gefühl von Frieden wird immer auf Kosten eines anderen erkauft.

Jesus ermuntert uns also nicht, unseren Körper oder unsere Erfahrungen zu verleugnen. Das macht er im Textbuch sehr deutlich (T-2.IV.3:8-13). Er möchte vielmehr, dass wir unsere Erfahrungen im Rahmen einer weiter gefassten Perspektive betrachten: Wir werden gebeten, uns wie Zarathustra über die Wolken und das Schlachtfeld der Welt zu erheben und hinabzuschauen. Wenn wir mit Jesus schauen, ist alles anders, weil wir nicht durch die Augen des Körpers schauen und das Gesehene mit dem Gehirn interpretieren – Werkzeuge, die vom Ego gelenkt sind, um der Trennung Wirklichkeit zu verleihen, die sich in der Welt an dem Wert zeigt, der der Besonderheit beigemessen wird. Wenn wir jedoch durch die Augen unserer Rechtgesinntheit (mit der Schau CHRISTI) schauen, sieht alles anders aus als vorher. Ohne die Egohierarchie der Illusionen betrachten wir jetzt alles als dasselbe (T-23.II.2:3): Jeder gespaltene Geist ist wie jeder andere, und wir begreifen, dass Wahrnehmungsunterschiede unbedeutend, irrelevant und eine Ablenkung vom Zweck der Erlösung sind.

Später im Übungsbuch erläutert Jesus, warum wir keinen Gesetzen außer den Gesetzen GOTTES unterstehen. Der fundamentale Grund ist, dass wir keine Körper sind. Das ist das Thema der Übungsbuchlektion 199: »Ich bin kein Körper. Ich bin frei.«

»Ich bin kein Körper. Ich bin frei.«

In den ersten Absätzen der Übungsbuchlektion 199 bittet uns Jesus, den Wert infrage zu stellen, den wir unserer körperlichen Hülle gegeben haben. Das ist die Aufgabe des Löwen. Wir kehren zur Entscheidungsinstanz im Geist zurück, dem Sitz des »Ich will«. Das befreit uns von der Bindung an die Schuppen des Drachen, die die Gesetze der Welt darstellen. Der Entscheider im Geist beginnt infrage zu stellen, was das Ego uns gelehrt hat: dass es uns besser geht, wenn wir getrennte Interessen verfolgen, jemanden heruntermachen, um selber besser dazustehen, und andere manipulieren, damit sie unsere emotionalen und körperlichen Bedürfnisse befriedigen. Mit anderen Worten: Der Löwe hinterfragt den Wert von *Ich oder du* und nimmt das Recht in Anspruch, sich neuen

Werten zuzuwenden. Er ist noch nicht bereit, diese zu schaffen oder zu wählen, aber er ist zumindest bereit, infrage zu stellen, was er bis dahin wertgeschätzt hatte.

Freiheit muss so lange unmöglich sein, wie du einen Körper als dich selbst wahrnimmst (Ü-I.199.1:1).

So viel zum Gerede der Welt von Freiheit, die natürlich sowieso keine Freiheit ist. Um auf das zurückzukommen, was wir bereits erörtert haben: Menschen, die die Tugenden von Freiheit und Demokratie beschwören, lügen, wenn sie diese Tugenden nicht auf *alle* Menschen ausdehnen. Glauben Sie nichts, was jemand sagt, der mit seinen Worten die Trennung und Verschiedenheit verstärkt. Das heißt allerdings nicht, dass Sie nicht zur Wahl gehen sollten. Wählen Sie mit einem Lächeln, und seien Sie sich bewusst, dass Sie, wenn Sie den Stimmzettel ausfüllen, einen Lügner wählen. Es spielt keine Rolle, welcher Partei der Kandidat oder die Kandidatin angehört, denn er oder sie meint nicht Freiheit für *alle* Menschen. Denken Sie auch daran, dass wir den Lügen Glauben schenken, weil wir belogen werden wollen, denn sie halten das Egodenksystem aufrecht, das wir als unsere Identifikation angenommen haben. Daher glauben wir den Lügen, die andere uns auftischen, denn wir identifizieren uns immer noch damit, Kinder der Lüge zu sein.

Wir sollten daher nur denjenigen glauben, die allgemeingültige Sätze sprechen. Die Äußerung mag sich auf bestimmte Situationen beziehen, aber der *Inhalt* muss alle Menschen umfassen und darf niemanden ausschließen. Das heißt, es würde kein Urteil über Geschlechtszugehörigkeit, sexuelle Orientierung, ethnische, politische, nationale oder religiöse Gruppierungen getroffen im Glauben, eine sei besser, heiliger oder geistig gesünder als eine andere. Warum würden wir jemandem Glauben schenken, der für solche Unterschiede plädiert, außer wir wollten dem Denksystem des Ego Wirklichkeit verleihen? Es spielt keine Rolle, über welches Staatsoberhaupt oder welche politische Partei wir sprechen. Was trennt, kann nicht die Wahrheit sein. Deshalb sollte die einzige Frage, die wir uns selbst stellen, lauten, warum wir immer noch das wertschätzen, was unwahr ist und die Wahrheit unverblümt attackiert.

Das Verblüffende an Kursschülern ist, um nur eine bestimmte Gruppe hervorzuheben, dass sie die wunderbaren Worte des Kurses über gemeinsame Interessen und Verbundenheit immer wieder lesen und dann anschließend oft eine Mauer um das herum errichten, was sie gelesen haben. Sie schieben es beiseite und führen ihr Leben so weiter, als würde ihnen das, was sie gelesen haben, nichts bedeuten. Das ist ein Beispiel dafür, wie der gespaltene Geist funktioniert. Wenn unsere Werte nicht *alle* Menschen umfassen, sind sie grundsätzlich wertlos. Diese Regel ist leicht anwendbar, aber beobachten Sie einmal, wie Widerstand aufkommt, wenn Sie versuchen, dieses Prinzip des Nichturteilens anzuwenden. Nietzsche sprach von der tiefen Angst, die uns erfasst, wenn wir erkennen, dass wir eins und die Werte der Welt falsch sind. Das ist beängstigend, weil wir uns immer noch mit dem Körper und dem Selbst identifizieren, das sich die in der Welt herrschenden Werte der Schuld und Besonderheit zu eigen gemacht hat und sie nicht loslassen will.

Wir stellen also nicht nur einen speziellen Wert oder eine Sache in der Welt infrage, sondern ebendas Selbst, das das Infragestellen unternimmt. Da liegt die eigentliche Quelle der Angst. Es ist sehr hilfreich zu verstehen, warum die Welt gegen dieses Infragestellen gemeinhin so viel Widerstand leistet und warum wir als Individuen so viel Widerstand leisten. Wird uns das klar, geht damit die Versuchung einher, uns wie Narren zu fühlen, weil wir all das geglaubt haben, was wir geglaubt haben. Aber wir sollten dieses Urteil vermeiden. Bereits auf die Welt zu kommen macht uns zu Narren. Vielleicht erinnern Sie sich an das Buch *Das Narrenschiff* von Sebastian Brant, das vor vielen Jahren unter dem gleichnamigen Titel verfilmt wurde. Wir befinden uns alle auf diesem Schiff, weil wir glauben, es *gäbe* ein Schiff und einen Ozean und hier geschähen wirkliche Dinge. Doch es ist alles Illusion. Der große gnostische Lehrer Valentinus nannte es eine *Phantasmagorie*. Was wir hier tun, ist zweifellos töricht, wahnsinnig und grausam. Dennoch bleibt die Welt eine Illusion, die wir miteinander teilen – das ist der Gedanke, dass wir außerhalb der Liebe glücklich sein könnten. Wir wissen, dass wir das glauben, weil wir hier zu sein glauben. Deshalb nimmt das Aufheben des Gedankens Zeit in Anspruch, die beträchtlich verkürzt wird, wenn wir diesem offensichtlichen Wahnsinn in uns und anderen mit Güte und Vergebung begegnen.

Urteilen macht einen großen Teil dessen aus, was wir sind. Es wohnt dem Egodenksystem der Trennung inne, dem zufolge wir glauben, wir seien von GOTT getrennt, weil wir das Urteil gefällt haben, dass es uns ohne IHN besser gehen wird. Deshalb urteilen wir gegen die Liebe, denn aufgrund ihres alles umfassenden Einsseins würde sie unser urteilendes besonderes Selbst auflösen. Das Ego redet uns ein, wir müssten vor der Bedrohung weglaufen, die das EINSSEIN des HIMMELS für uns darstellt, was zur Folge hat, dass wir unsere Quelle aburteilen. Dafür verurteilen wir wiederum uns selbst. Diese Schuld wird dann projiziert, und am Ende urteilen wir über jeden und alles, in der magischen Hoffnung, uns von dem Schmerz des Urteils zu befreien, dass wir elende Sünder sind.

Da Urteil ein inhärenter Bestandteil des Egodenksystems ist, ist das Aufgeben von Urteil ein solch zentrales Thema im Kurs. Das Urteilen aufzugeben bedeutet überdies auch, uns selbst nicht dafür zu verurteilen, dass wir urteilen. Denken wir daran, dass wir gelehrt werden, *die Verleugnung der Wahrheit zu leugnen*. Urteilen ist die Verleugnung der Wahrheit. Wenn wir uns klarmachen, dass wir nicht mehr urteilen wollen, leugnen wir die Verleugnung der Wahrheit. Das ist sehr entscheidend. Um noch einmal diese wichtigen Sätze zu zitieren:

> Nenne ihn [den Urirrtum, also das Ego] nicht Sünde, sondern Wahnsinn … Statte ihn nicht mit Schuld aus … Vor allem aber: *Fürchte ihn nicht* (T-18.I.6:7-9).

Wir sollten uns (oder andere) nicht dafür beschimpfen, dass wir hier sind und töricht den Bedürfnissen unserer Besonderheit frönen. Wir müssen nur begreifen, dass Besonderheit ein Wert ist, an dem wir hängen, und dass wir stets darum kämpfen, sie zu erlangen. Jetzt, da wir in der Wüste sind und sie als Wüste erkennen, können wir sagen und auch meinen, dass wir sie nicht mehr wollen. Jesus sagt über den Frieden GOTTES:

> Diese Worte zu sagen ist nichts. Doch diese Worte zu meinen ist alles (Ü-I.185.1:1-2).

Das ist der wesentliche Punkt. In Wahrheit wollen wir den Frieden GOTTES nicht, weil er alles umfasst und damit das EINSSEIN des HIMMELS spiegelt. Wir wollen den Frieden des Ego, und das heißt, dass wir uns entscheiden, die SOHNSCHAFT in Fragmente aufgeteilt zu sehen.

Wenn wir uns vollständig vergeben, werden wir nie mehr urteilen. Dann geht es nicht mehr um den Tod des Drachen, »er wird einfach aufhören, scheinbar zu sein« (H-14.2:12). Sobald wir nicht über uns selbst urteilen und uns nicht anklagen, die Liebe verlassen oder verraten zu haben, gibt es keine Schuld mehr und daher nichts mehr zu projizieren. Das heißt, dass wir über niemand anderen mehr urteilen können. Das macht uns frei, mit wahrem Mitgefühl auf *alle* Menschen zu blicken, denn dann ist uns klar, dass alle denselben Wahnsinn und dieselbe Angst miteinander teilen.

Der Körper ist eine Grenze (Ü-I.199.1:2).

Das heißt, dass der Körper eine Lüge ist, denn als Grenze wurde er gemacht, um zu begrenzen (T-18. VIII.1-4). Er drückt den Gedanken der Begrenzung aus – den Glauben, dass es einen Ort gibt, an dem GOTT endet und wir beginnen –, und dieser Gedanke verleugnet die grenzenlose Wahrheit des HIMMELS. Die Unwahrheit des Ego begrenzt *uns*, denn nun sind wir Teil eines begrenzten Selbst, das nicht länger Teil von ALLEM, des EINSSEINS des HIMMELS, ist. Warum sollten wir also irgendetwas glauben, was ein Körper sagt, wenn es immer die Lüge der Begrenzung ausdrückt?

Wer die Freiheit in einem Körper sucht, der sucht nach ihr, wo sie nicht gefunden werden kann (Ü-I.199.1:3).

Freiheit wird nie in einem Körper zu finden sein und ebenso wenig in einer Welt der Körper. Sie ist nur da zu finden, wo der Körper nicht ist, im Geist, in dem GOTTES SOHN eins ist – sowohl in der Illusion als auch in der Wahrheit. Wenn wir aus dem rechtgesinnten Geist in die Welt blicken, sehen wir, dass alle dasselbe sind. Jenseits der getrennten Formen sind die Guten *und* die Bösen dasselbe. Menschen, die leiden, und jene, die Leiden zufügen, sind dasselbe. Wir wissen, dass jeder dasselbe ist, weil jeder sich für einen Körper hält. Das ist der Gipfel des Wahnsinns, denn es entspringt dem einen wahnsinnigen Gedanken, dass wir uns von unserer QUELLE getrennt haben.

Der Geist kann befreit werden, wenn er sich nicht mehr in einem Körper sieht, fest an ihn gebunden und durch seine Gegenwart geschützt. Wenn das die Wahrheit wäre, wäre der Geist fürwahr verletzlich! (Ü-I.199.1:4-5)

Wenn *Ideen ihre Quelle nicht verlassen* und der Körper verletzlich ist, muss auch der Geist verletzlich sein. Sobald wir begreifen, dass unser Geist *un*verletzlich ist aufgrund der Liebe, die ihm innewohnt, muss auch unser Körper unverletzlich sein. Auf der Ebene der Form könnte der Körper verletzt werden, *aber wir sind nicht mehr der Körper*. Aus diesem Grunde ist er unverletzlich – nicht weil der Körper selbst nicht verletzt werden kann, sondern weil *wir* nicht der Körper sind. Folglich muss die Verletzlichkeit des Körpers eine Illusion sein, denn der Körper fühlt nichts, wie bereits ausgeführt wurde.

Das Problem ist: Wenn wir uns mit tiefen Gedanken wie diesen beschäftigen, ist es angesichts unserer Körperidentifikation schwierig, nicht auf sie zu reagieren mit: »Was hat das mit mir zu tun?« Wir halten uns ganz offensichtlich für Körper. Wir lesen dieses Buch mit unseren Augen, halten es in den Händen, gebrauchen unsere Finger, um uns Notizen zu machen, interpretieren das Gelesene mit dem Gehirn und denken über die Worte nach. Was uns hilft, diese Egoidentifikation zu durchbrechen und uns zunehmend mit dem Geist zu identifizieren, ist, den Wert gemeinsamer Interessen zur Leitlinie unserer Praxis zu machen. Um es zu wiederholen: Wir sollten nicht verleugnen, dass wir Körper sind; wir sollten bloß negieren, dass unser Körper besser oder schlechter als der Körper eines anderen ist. So betonen wir unser Lernen, dass wir Geist sind, gefesselt nur durch die fehlerhafte Wahl des Geistes.

Wir können all dies als Ideal betrachten, zu dem wir uns hin entwickeln: Das ist die oberste Sprosse der Leiter. Wir erleben uns jetzt auf den unteren Sprossen, werden aber von unserem neuen Lehrer angeleitet, die Leiter hochzusteigen, einen sanften Schritt nach dem anderen. Wir gehen unseren Weg, indem wir die Interessen eines anderen als nicht getrennt von unseren eigenen sehen. Das gilt, ganz gleich, ob jemand ein Staats- oder Familienoberhaupt ist, eine Firma leitet oder nichts von alledem tut. In unserem Geist sehen wir nur den gemeinsamen Zweck, die Leiter hochzusteigen und zum

Kind zu werden, auch wenn wir uns vielleicht so verhalten müssen, als seien unsere Interessen in der Tat getrennt. Es ist anders fast unmöglich, erfolgreich eine Firma zu führen, aber dennoch können wir mit Zarathustra über den Wolken stehen und lachen. Wir treffen die normalen Entscheidungen, die Geschäftsleute, Eltern oder Bürger treffen müssen, doch wir brauchen sie nicht ernst zu nehmen in dem Sinne, dass sie unseren Frieden beeinträchtigen. Was wir jedoch ernst nehmen, ist der Wert der gemeinsamen Interessen – »gemeinsam oder gar nicht« (T-19.IV-D.12:8) –, der jenseits der Schuppen des Drachen steht. Das ist der Weg des Wunders, der unsere Heilung fördert und uns vom Körper zum Geist führt.

Wenn wir das mehr und mehr üben, werden wir imstande sein, uns allmählich von unserer Investition in den Wert, den wir unserem Körper und dem anderer gegeben haben, zu lösen. Eine solche Des-Investition bedeutet, in den Wert im Geist zu investieren, selbst wenn wir uns dessen nicht bewusst sind. Doch wir werden zunehmend erfahren, dass wir unseren Alltag bewältigen wie jeder andere auch, aber ohne davon so stark berührt zu sein wie früher. Wir könnten von morgens bis abends glücklich und friedlich sein, unabhängig von dem, was im Äußeren geschieht. Das bedeutet nicht, dass sich auf der körperlichen Ebene nichts ereignen wird und wir nicht angemessen reagieren. Es bedeutet jedoch, dass der Frieden in unserem Geist konstant bleibt. Ein wunderbares

Gedicht von Helen »Erwache in der Stille« beginnt mit der Zeile: »Der Frieden möge dich bedecken, innen so wie außen«*. So haben wir ungeachtet der Welt Frieden, und wenn dieser Frieden uns umfängt und unseren Geist einhüllt, schauen wir durch CHRISTI Schau, und unsere Wahrnehmungen sind von diesem Frieden erfüllt, der nun alle Lebewesen einschließt.

Wie ich bereits mehrfach ausgeführt habe, ist hier nicht die Rede davon, unseren Körper zu verleugnen. Stattdessen sollten wir Lektionen wie diese lesen und zugeben: »Ich verstehe das Konzept, aber ganz offensichtlich bin ich noch nicht so weit. Doch ich will die Schritte machen, die mich zu meinem Ziel führen. Auch wenn ich noch nicht bereit bin, ein Kind zu sein (der unschuldige CHRISTUS des Kindes bei Nietzsche), kann ich zumindest die Werte hinterfragen, an denen ich festgehalten habe: die Werte der Welt und meines Egodenksystems der Schuld und Besonderheit.« Es gibt keinen Grund, diese Worte nicht zu sagen und zu meinen, *außer dass wir es nicht wollen*. Die Wahrheit besteht also darin, unseren Widerstand gegen einen solchen Sinneswandel zuzugeben. Diese Angst ist keine Sünde und macht uns nicht zu spirituellen Versagern. Im Gegenteil: Sie macht uns vielleicht zum ersten Mal in unserem Leben ehrlich, denn dadurch sind wir imstande zu negieren, dass wir Kinder der Lüge sind, und zu bekräf-

* *Die Gaben Gottes*, a.a.O., S. 69.

tigen, dass wir das Potenzial haben, ein Ausdruck der Wahrheit zu sein.

Der Geist, der dem HEILIGEN GEIST dient, ist auf ewig unbegrenzt, auf jede Weise, jenseits der Gesetze von Zeit und Raum, durch vorgefasste Meinungen ungebunden und mit Stärke und Macht, alles zu tun, worum er gebeten wird (Ü-I.199.2:1).

In dieser rechtgesinnten Wahl, dem HEILIGEN GEIST zu dienen, drückt sich Nietzsches *Wille zur Macht* aus. Wir sind wahrhaft unbegrenzt »auf jede Weise, jenseits der Gesetze von Zeit und Raum, durch vorgefasste Meinungen ungebunden und mit Stärke und Macht, alles zu tun, worum er [der Geist] gebeten wird«. Das ist die Macht des Übermenschen. Wir gehen weiterhin Beziehungen zu Menschen und Umständen ein, aber jetzt ist unser Frieden von ihnen unberührt. Und so haben wir Mitgefühl mit allen Lebewesen – nicht nur mit den »Guten«, sondern auch mit den »Bösen«; mit denjenigen, die uns angreifen, ebenso wie mit jenen, die uns sagen, wie wunderbar wir sind. Wir erkennen, dass wir alle dasselbe sind. Deshalb brauchen wir kein Lob von anderen, denn die Liebe in unserem Geist erinnert uns an den uns innewohnenden Wert als GOTTES SOHN. Es spielt auch keine Rolle, wenn Menschen uns anklagen, denn die Liebe spricht zu uns von unserem wahren Wert. Das ist wahre Macht, und wer, der rechtgesinnt ist, würde sie nicht wollen? Wer würde nicht mit einem solchen Frieden durch diese Welt gehen wollen – von morgens bis abends, von der Geburt bis zum Tod?

Der perverse Wahnsinn, den wir miteinander teilen, besteht darin, dass wir diese Erfahrung *nicht* wollen und es stattdessen vorziehen, elende Egos zu sein, und verzweifelt versuchen, ein paar Krumen vom Tisch der Besonderheit zu erhaschen. Deshalb sagt Jesus uns am Ende des Textbuchs:

> Verweigere mir nicht die kleine Gabe, um die ich bitte [ihm unser Ego zu bringen], wenn ich im Tausch dafür den Frieden GOTTES dir zu Füßen lege und die Macht, diesen Frieden jedem anzubieten, der ungewiss in der Welt umherirrt, einsam und in ständiger Angst (T-31. VIII.7:1).

Nur die Wahnsinnigen würden sich von einer solchen Gabe abwenden. Das unterstreicht unsere Verrücktheit, was Jesus dazu veranlasst, immer wieder sein sanftes Licht der Wahrheit auf unseren Wahnsinn leuchten zu lassen.

Die Herausforderung für uns als Kamele – indem wir lernen, in der Welt zu leben und mit ihr gut zurechtzukommen – besteht darin, dass wir es darin zu einer solchen Perfektion bringen können, dass wir diese Phase nicht loslassen wollen. Das ist stets eine Versuchung. Wir begreifen nicht, dass das Kamel nur für den ersten Abschnitt unseres Lebens und nicht für seine Gesamtheit gedacht ist. Lernen, hier zu leben und die Werte der Welt zu akzeptieren, um zu überleben, ist nur ein Mittel zum Zweck: damit wir schließlich alles anschauen und begreifen, dass es eine Wüste ist, in der wir nicht länger leben wollen. Doch ist das oft schwierig, denn unser Widerstand gegen das Ziel, zu dem uns unser Lehrer führt, ist gewaltig. Selbst wenn wir hier also elend sind, können wir sehr erfolgreich elend sein, denn auf diese Weise können wir anderen die Schuld geben – und das ist ganz im Sinne des Ego.

Zurück zum Geist, der nun frei ist:

Angriffsgedanken können in einem solchen Geist nicht Einlass finden, weil er der QUELLE der Liebe gegeben wurde, und Angst kann nie in einen Geist eintreten, der sich der Liebe angeschlossen hat. Er ruht in GOTT. Und wer kann Angst haben, der in UNSCHULD lebt und nur liebt? (Ü-I.199.2:2-4)

Wenn unser Geist mit dem HEILIGEN GEIST oder Jesus eins ist, akzeptieren wir DEREN Wert statt jenen des Ego. Dann spielt es keine Rolle, was Menschen tun. Das heißt, dass deren Angriffsgedanken keine Wirkung auf unseren Frieden haben und wir im Gegenzug keine Angriffsgedanken hegen. Anders ausgedrückt: Ist unser Geist von Licht erfüllt, kann keine Dunkelheit da sein. Dunkelheit ist kein ontologischer Zustand, sondern einfach die Abwesenheit des ontologischen Zustands des Lichts. Dunkelheit ist nichts an sich, denn sie hat keine Substanz. Deshalb kann es im Geist des Kindes keine Schatten der Schuld oder Angst geben.

Liebe in dieser Welt heißt, zu allen Wesen – lebenden und unbelebten – freundlich zu sein, weil wir dasselbe sind: Fragmente von GOTTES einem SOHN. Jesus sagt uns in einem der seltenen Gebete im Textbuch:

> Wie heilig ist das kleinste Sandkorn, wenn es als ein Teil des vervollständigten Bildes von GOTTES SOHN begriffen wird! Die Formen, die die zerbrochenen Stücke anzunehmen scheinen, bedeuten nichts. Denn das Ganze ist in jedem Einzelnen. Und jeder Aspekt des SOHNES GOTTES ist genau der gleiche wie jeder andere Teil (T-28.IV.9:4-7).

Jeder verdient Liebe, weil wir alle Teil der Liebe sind – und weil wir dasselbe wahnsinnige Verlangen miteinander teilen, den Traum aufrechtzuerhalten, und dasselbe Interesse und Ziel, von ihm zu erwachen. Wenn Letzteres unser höchster Wert ist, kann keine Besonderheit da sein, und so müssen wir uns nicht heilig oder spirituell machen; wir müssen gar nichts tun. Es ist nicht notwendig, an der Vergebung zu arbeiten. Wir stellen bloß die Werte infrage, die wir übernommen haben, damit wir sie schließlich loslassen und zulassen können, dass der inhärente Wert der Unschuld in jedem hervorleuchtet, unbehindert von Angriffsgedanken. Dieser Prozess der Vergebung spiegelt den im HIMMEL herrschenden »Wert« des vollkommenen EINSSEINS.

Es ist wesentlich für deinen Fortschritt in diesem Kurs, dass du den heutigen Gedanken [»Ich bin kein Körper. Ich bin frei«.] **akzeptierst und er dir**

sehr lieb ist. Kümmere dich nicht darum, dass er für das Ego völlig wahnsinnig ist. Dem Ego ist der Körper teuer, weil es in ihm wohnt und mit dem Heim, das es gemacht hat, vereint lebt. Er ist ein Teil der Illusion, die es davor geschützt hat, selbst als illusionär befunden zu werden (Ü-I.199.3).

Wir haben uns alle mit dem Denksystem der Trennung und dem Körper identifiziert, der die Projektion dieses Denksystems ist. Infolgedessen erscheint es uns wahnsinnig, wenn uns gesagt wird, dass der Körper *nicht* das ist, was wir sind. Auch Zarathustra wurde für verrückt gehalten, als er sich über den Wolken aufhielt und den Menschen mitteilte, es sei keine Gewitterwolke, sondern in Wirklichkeit nichts und würde darum nur Lachen und Tanzen verdienen. Die Schwierigkeit rührt daher, dass wir uns nicht nur zu Kindern der Lüge, sondern auch zu Kindern des Wahnsinns gemacht haben. Deshalb braucht der Berichtigungsprozess Zeit. Ein Teil von uns schreit: »Auf keinen Fall! Ich wende mich nicht dem Geist zu. Ich bin glücklich damit, wer ich bin und wo ich bin, selbst wenn es mir schlecht geht.«

Unser Treueschwur gegenüber dem Ego hat sofort zur Folge, dass wir den Kurs und Jesus dorthin holen, wo wir sind. Dann wird die Welt für uns sehr wirklich, und wir fühlen uns berechtigt, unseren inneren Lehrer zu bitten, Probleme für uns zu lösen und Fragen zu beantworten oder uns sanft mit Versicherungen zu trösten, dass alles in Ordnung ist. An diesem Punkt stellen wir natürlich einen Unterschied zwischen Jesus und uns her, und das ist die Lüge. Er ist *nicht* anders als wir. Wenn wir uns ihm überbringen statt anders herum, kann er uns lehren, dass wir von Natur aus dasselbe sind. Wenn wir ihn hingegen zu uns holen, damit er unsere Probleme löst und unsere Bedürfnisse befriedigt, machen wir ihn anders, indem wir ihm eine Macht über uns geben, die er nicht hat. Er kann nicht unser Denken für uns ändern. Dass er es kann, ist eine Lüge, und er will nicht, dass wir diese Lüge glauben. Deshalb sollten wir nicht unser Vertrauen in einen Jesus setzen, der für uns sorgen wird, denn dieser Jesus (eine magische Projektion des Wunsches, machtlos zu sein) verwurzelt uns noch tiefer im Traum und stellt sicher, dass wir ihm nie entrinnen. Über diesen Jesus ereiferte sich Nietzsche, und aus diesem Grunde zog er über die Priester her, die sich als Jesu Stellvertreter ausgeben. Nietzsche wusste nicht, wer der wirkliche Jesus ist – ein Symbol unseres rechtgesinnten Geistes –, aber er wusste sehr wohl, dass der Jesus, wie er in der Bibel dargestellt wird, niemand ist, dem er folgen wollte. Und er hatte selbstverständlich völlig recht.

Der biblische Jesus, der eindeutig ein Körper ist, unterscheidet sich von uns, und wir sollten niemals jenen glauben, die behaupten, sie seien anders und der Unterschied sei von Belang. Das ist die Lüge. Wir sollten auch uns selbst nicht glauben, wenn wir eine Wertvorstellung haben, die uns in unseren Augen von anderen unterscheidet. Wir unterscheiden uns eindeutig auf der Ebene der Form, aber der Inhalt ist immer derselbe. GOTTES SOHN ist eins. Deshalb ist der Jesus der Evangelien ebenso sehr ein Kind der Lüge wie jeder andere auch, denn er ist anders als die andern. Wir sollten ihn nicht mit dem Jesus dieses Kurses verwechseln, der uns gleich zu Anfang versichert, er unterscheide sich nicht von uns außer in der Zeit und die Zeit existiere nicht (T-1.II.3:10-4:2). In der Illusion der Zeit ist er natürlich anders, da er egofrei ist. Der einzige Sinn, ihn als älteren Bruder zu haben, besteht darin, dass er uns hilft, so zu werden wie er. Und so ist Jesus der Name, den wir einer Person geben, die hier erschienen ist und deren Körper wir gesehen und benannt haben. Dieser Name ist die konkrete Reflexion einer nichtkonkreten, von Liebe und Licht erfüllten Präsenz. Das ist der »reine Geist« in Helens Gedicht »Jesusgebet«*, das mit der Zeile beginnt: »Ein Kind, ein Mann und dann ein reiner Geist«. Ein reiner Geist hat weder einen Namen noch eine Persönlichkeit. Ein Kind schon, ein Mann auch, ein reiner Geist nicht.

Kehren wir zu dem oben zitierten Absatz zurück: Was dort beschrieben wird, ist der vom Ego ersonnene doppelte Schild des Vergessens, von dem im Übungsbuch die Rede ist (Ü-I.136.5). Das Egodenksystem (der erste Schild) schützt den Ent-

---

* *Die Gaben Gottes*, a.a.O., S. 78 f.

scheider im Geist davor, sich für Liebe zu entscheiden. Der Körper (der zweite Schild) schützt den ersten Schild, indem er uns geistlos hält. Wir bewegen uns damit immer weiter fort von der einzigen Macht im Universum, die uns helfen kann: unserer Macht zu wählen. Alle Abwehrmechanismen sind Lügen, denn sie sind gemacht, um uns gegen die Angst zu schützen, die selbst eine Lüge ist. Da die Welt also eine Abwehr ist, sollten wir ihren Gesetzen, ihren Werten oder allen, die diese unterstützen, keinen Glauben schenken. Ebenso wenig sollten wir denen Gehör schenken, die über Spiritualität in quantitativen Begriffen sprechen, weil das die Egogesetze der Verschiedenheit betont. Ich erinnere Menschen gern daran, dass Jesus nicht über eins hinaus zählen kann. In der Wahrheit und in der Illusion gibt es nur eine gültige Zahl und einen gültigen Wert.

Deshalb ist dies ein ganz einfacher Kurs. Es gibt *ein* Ego und *einen* HEILIGEN GEIST, die wir alle gleichermaßen miteinander teilen. Es gibt nur *einen* Entscheider, der das eine oder andere wählt. Überdies sind beide Alternativen Illusionen, denn es gibt nur *einen* GOTT. Was könnte einfacher sein? Unser Ziel sollte lauten, dieser Einfachheit in unserem Leben Gestalt zu verleihen, und das gelingt uns, indem wir Menschen nicht verschieden machen. Wären Menschen nicht verschieden, könnte es keinen Angriff geben, und so besteht der Weg, wirklichen Frieden in dieser Welt zu finden, darin, Menschen oder ihre Bedürfnisse nicht als verschieden zu betrachten: beispielsweise indem man die Interessen eines Staates als nicht getrennt von denen eines anderen sieht. Deshalb sollten wir nie den Äußerungen von Staatsoberhäuptern Glauben schenken, denn sie interessieren sich nur für ihre Nation, ihre Regierung und ihren politischen Ehrgeiz. Jeder Wert hier leitet sich aus dem Gesetz der Unterschiede ab, der fundamentalen Egolüge. Ein Löwe sein heißt daher, die Werte der Welt, die stets auf Trennung und getrennten Interessen gründen, infrage zu stellen und zurückzuweisen.

Zusammenfassend kann man sagen: Der Löwe schaut auf die Werte der Welt und konstatiert: »Ich will das nicht mehr«, und damit betritt er neuen Boden und öffnet die Tür zum dritten Stadium, jenem des Kindes. Um noch einmal auf Helens Gedicht »Jesusgebet« zurückzukommen: Ihr *Kind* repräsentiert Nietzsches *Kamel*; derjenige, der zum *Mann* heranreift, ist der *Löwe*, der auf eigenen Beinen steht und imstande ist, einen Schritt zurückzutreten und die Welt mit anderen Augen zu betrachten. Der Löwe in uns ist bereit, neuen Boden zu betreten und den alten Boden zu verlassen. Wir wissen zwar nicht, was kommen wird, aber wir wissen, dass wir das, was wir bis jetzt hatten, nicht länger haben wollen.

Eine Analogie zu dem, was wir erörtert haben, ist die zweite der drei Schaffensphasen Beethovens, von denen bereits die Rede war. Beethoven beherrschte sein Handwerk – wir könnten sagen, er war ein hervorragendes Kamel –, und seine frühe Musik folgte im Wesentlichen den Gesetzen der klassischen Periode. Mit Anfang dreißig entdeckte er, dass er taub werden würde, was in ihm eine heftige spirituelle Krise auslöste. Der große Komponist wollte sterben. Er fand beispielsweise die Vorstellung unerträglich, in seinem geliebten Wienerwald spazieren zu gehen und nicht mehr den Gesang der Vögel zu hören. Diese Liebe zur Natur verewigte er später in seiner sechsten Symphonie, der *Pastorale*. Er begriff, dass die Welt und das, was er bis dahin erreicht hatte, nichts bedeuteten. Doch er stützte sich auf seine innere Stärke als Löwe, und so entstand die *Eroica*, die »löwengleiche« Symphonie schlechthin. Sie setzt mit zwei mächtigen Es-Dur-Akkorden ein, die die Musik, wie die westliche Welt sie bis dahin kannte, revolutionierten. Diese dritte Symphonie bildete den Anfang von Beethovens mittlerer Schaffensphase, in der seine berühmtesten Werke entstanden: unter anderem die fünfte und sechste Symphonie, die Oper *Fidelio* und viele Sonaten und Quartette. In dieser Phase betrat er neuen Boden.

Es gibt eine möglicherweise erfundene Geschichte, wonach ein Donnerschlag ertönte, als Beethoven auf dem Sterbebett lag. Der große Musiker erhob sich, ballte die Faust und streckte sie gen Himmel, als wollte er sagen: »Du kriegst mich nicht!« Das ist der Löwe, der Kämpfer, derjenige, der erklärt, dass die Welt nicht mehr dieselbe sein wird, weil er nicht mehr an sie glaubt. Daraus entstehen neue Formen: »Nieder mit dem Alten, es lebe das Neue!« Dieser gewaltige Übergang ist jedoch oft von großer Angst begleitet, einem Widerstand gegen die Wahrheit, von der wir wissen, dass sie in uns ruht. Ein Teil von uns ruft angsterfüllt aus, so wie Beethoven in seiner frühen Zeit mit seinem damaligen Todeswunsch: »Ich gehe keinen Schritt weiter!«

Was also den spirituellen Weg so schwierig macht, ist unsere Angst vor einer Zukunft, in der es darum geht, unser Selbst loszulassen, den Wert, den wir auf unsere besondere Existenz legen. Diese Angst zwingt uns, die Besonderheit zu schützen, und das tun wir, indem wir andere angreifen. Das führt unausweichlich zum Prinzip von *Ich oder du,* dem Glauben an getrennte Interessen, der das Ego entstehen ließ und es aufrechterhält. Wie könnten wir gemeinsame Interessen haben, wenn unser Leben darauf beruht, einen anderen kleinzumachen? Wie könnten wir ein gemeinsames Ziel haben, wenn unser Leben davon abhängt, dass wir bei jedem Atemzug Tausende von Mikroorganismen zerstören oder dass wir etwas essen, das einmal lebendig war? Wie kann die Existenz eins sein, wenn unsere emotionalen Bedürfnisse nur befriedigt werden, indem wir andere benutzen, um uns das anzueignen, was vorher ihnen gehörte? Es ist diese Angst, die aufschreit: »*Wer wäre ich ohne mein Ego? Was wäre ich ohne meine Besonderheit?*« Es geht nicht darum, dass wir physisch sterben, indem wir aufhören zu essen oder zu atmen, sondern darum, ein Denksystem loszulassen. Doch trotz dieser Angst ist es uns möglich, zumindest damit zu beginnen, den Wert der Egoprinzipien infrage zu stellen.

Am Ende dieses Kapitels soll darauf hingewiesen werden, dass Nietzsche seine Stadien in Form von drei abgegrenzten Phasen darstellte, so wie es auch in den sechs Phasen bei der Entwicklung von Vertrauen geschieht (H-4). Doch handelt es sich in Wirklichkeit um einen ambivalenteren und fließenderen Prozess, in dessen Verlauf wir die Welt allmählich »von allem los[machen], wofür [wir] sie hielt[en]...« (Ü-I.132). Nichtsdestotrotz können wir sagen, dass wir in jeder dieser Phasen hin und her gehen – vom rechtgesinnten zum falschgesinnten Geist und umgekehrt. Bei diesem Prozess des Hin- und Herschwankens lassen wir die Werte der Welt los, um dann Angst zu bekommen und sie wieder zu akzeptieren. Das lässt an die Stelle gegen Ende der »Hindernisse vor dem Frieden« denken, in der beschrieben wird, wie wir vor dem letzten Schleier stehen, bereit, durch ihn hindurch zu GOTT zu gehen. Dann übermannt uns die Angst, und wir senken den Blick und erinnern uns an unser Versprechen gegenüber unseren »Freunden« – Sünde, Schuld, Angst und Tod (T-19.IV-D.6). Während wir die Leiter hinaufsteigen und auf unserer Reise voranschreiten, werden uns die rechtgesinnten Veränderungen in uns zunehmend bewusst, sodass wir, wenn wir jetzt Angst bekommen und in unseren Egozustand zurückkehren, darum wissen und daher dort nicht mehr so lange verharren. Wir sagen dann, dass wir nicht mehr in der Welt des Ego leben wollen; es schmerzt zu sehr. Wenn wir den Geschmack der Liebe und des Friedens zunehmend kennengelernt haben, warum würden wir sie dann je gegen Schuld und Konflikt eintauschen wollen?

Da die Welt von Raum und linearer Zeit selbst eine Illusion ist, ist letztlich auch spiritueller Fortschritt im Sinne eines zeitlichen Konzepts eine Illusion. Wir identifizieren uns mit Körpern, und Körper leben in einer Welt von Zeit und Raum. Selbst wenn der von uns erörterte Prozess im Geist außerhalb der Welt stattfindet, müssen wir uns deshalb doch mit unserer Erfahrung im Rahmen der Raum-Zeit-Dimension auseinandersetzen. Wir müssen über den Prozess sprechen, als sei er linear, und gleichzeitig im Hinterkopf behalten, dass dem nicht so ist.

5
Das dritte Stadium: das Kind

Wir wenden uns jetzt Nietzsches drittem Stadium zu, dem des Kindes. Zur Wiederholung: Im ersten Stadium wachsen wir in der Welt auf. Dann ist das zweite Stadium davon geprägt, dass wir beginnen, die Werte der Welt infrage zu stellen, und es endet damit, dass wir den Drachen »töten«. So verwandelt sich das Kamel in den Löwen, der Freiheit für sich selbst, aber keine neuen Werte schaffen kann. Er hat die Freiheit gewonnen zu wählen, was Nietzsche mit dem *Willen zur Macht* meinte, der Fähigkeit des Geistes, zwischen dem Wertvollen und dem Wertlosen, dem HEILIGEN GEIST und dem Ego, HIMMEL und Hölle zu wählen. Sobald das Alte aufgehoben ist und wir uns des Drachen (des Ego) entledigt haben, ist das dritte Stadium erreicht. Wir haben uns gegen die Falschgesinntheit entschieden, sodass nur der rechtgesinnte Geist, die reine Welt des Kindes, bleibt.

Es folgt, was Nietzsche von dieser Verwandlung sagt. Dabei ist beachtenswert, wie wenig Aufmerksamkeit er dem Kind widmet; es ist nur ein einziger kurzer Absatz.

Der Löwe wird zum Kind

Aber sagt, meine Brüder, was vermag noch das Kind, das auch der Löwe nicht vermochte? Was muss der raubende Löwe auch noch zum Kinde werden?

Mit anderen Worten: Warum braucht dieses große Tier, das sich des Drachen und seiner Schuppen mit den »Du sollst« entledigt hat, noch eine weitere Verwandlung?

Unschuld ist das Kind und Vergessen, ein Neubeginnen, ein Spiel, ein aus sich rollendes Rad, eine erste Bewegung, ein heiliges Ja-Sagen. Ja, zum Spiele des Schaffens, meine Brüder, bedarf es eines heiligen Ja-Sagens: *Seinen* Willen will nun der Geist, *seine* Welt gewinnt sich der Weltverlorene.

Aus der Sicht des Kurses könnte man sagen, dass das Kind das vergisst, was niemals war. Nietzsche spricht von der Vorbereitung zum Erlangen der wirklichen Welt, dem Geisteszustand, in dem die Entscheidung gegen das Ego und für den HEILIGEN GEIST unwiderruflich stattgefunden hat.

Es gibt nichts zu tun, damit dieses Stadium beginnt. Die Arbeit findet in dem Übergangsstadium zwischen Löwe und Kind statt, das bei Nietzsche kaum erörtert wird. Davon ist die Rede im Abschnitt »Die Entwicklung des Vertrauens« im

Handbuch für Lehrer, insbesondere bei der Erörterung der fünften Phase.* Wie schon erwähnt, findet sich in den sechs Phasen kein Gegenstück zum Stadium des Kamels. Der Löwe umfasst im Wesentlichen die Phasen eins bis vier, wobei die ersten drei Phasen die Einsicht beinhalten, dass das, was uns bis dahin wertvoll erschien, nun als wertlos zu erachten ist. Sobald diese Wahl klar ist, bleibt nur Friede, das vierte Stadium, in dem der Löwe »Ich will« sagen kann und erkennt, dass er die Macht hat zu wählen. Er ist der Träumer des Traums und nicht die Traumfigur. Doch bei sorgfältigem Hinschauen stellen wir fest, dass es sich um ein »*Ich* will« handelt, das heißt, es ist immer noch ein Gefühl des Selbst da. Auch wenn wir von einer spirituellen Macht sprechen, bleibt das Gefühl eines handelnden Ich. Es ist daher kein Zustand reinen Seins, sondern immer noch ein Zustand des Wählens. Daher ist die vierte Phase nicht das Ende der Reise, und deshalb kommentiert sie Jesus so:

> Der Lehrer GOTTES braucht diese Atempause. Er ist noch nicht so weit gekommen, wie er denkt (H-4.I.6:9-10).

Man könnte dieses vierte Stadium als den Abschnitt des Prozesses betrachten, in dem wir lernen, dass »Vergebung der Schlüssel zum Glück ist« (Ü-I.121): Es geht uns weitaus besser, wenn

* Siehe Anhang, S. 176

wir vergeben, statt zu urteilen. Wir beginnen, den wirklichen Wert gemeinsamer statt getrennter Interessen zu sehen, und begreifen, dass wir auf der Ebene des Geistes dasselbe sind. Doch es ist immer noch das Empfinden eines Selbst und einer persönlichen Identität da. Der Löwe ist schließlich kein Selbst, das man ignorieren kann. Da ist ein ungeheures Empfinden von Macht, denn er ist nicht länger durch die Welt gebunden. Dennoch ist die Reise damit noch nicht zu Ende. Auch wenn wir in einem glücklichen Traum der Vergebung leben, der den Albträumen des Ego von Schuld und Angriff vorzuziehen ist, schlafen wir noch. Dieses Stadium ist daher die Erfahrung eines unberührten Friedens, ganz gleich, was um uns herum geschieht, aber es bleibt ein *Ich*-Empfinden.

Die sechste Phase, die mit Nietzsches Kind vergleichbar ist, ist das Erlangen der wirklichen Welt, aber man gelangt nicht von der vierten in die sechste Phase, ohne die fünfte zu durchlaufen, und das ist die Phase, in der sozusagen die Hölle losbricht. Wie Jesus es beschreibt, haben wir den Unterschied zwischen dem, was wertvoll und wertlos ist, nicht *gänzlich* verstanden, denn wir haben die inhärente Wertlosigkeit unseres eigenen Selbst noch nicht angeschaut. Am Ende der Reise steht also nicht das rechtgesinnte Selbst, das glücklicher, friedlicher und gütiger innerhalb des Traums lebt. Während das zweifellos ein besserer Zustand als die ersten drei Phasen ist, und weitaus besser, als sich in der Wüste aufzuhalten, weckt uns dies immer noch nicht aus dem Traum und führt uns nicht nach Hause. Das letztliche Ziel des Kurses ist, den Traum zu beenden, und nicht, besser darin zu leben. Jesus gibt uns ein Gegenstück für diese Phase, wenn er beschreibt, wie der HEILIGE GEIST uns durch den Kreis der Angst führt und GOTT jenseits davon wartet (T-18.IX.3:7-9). Der Kreis der Angst stellt diese fünfte Phase dar, die Einsicht, dass unser fundamentaler Wert darin besteht, ein getrenntes Selbst zu besitzen; wir schätzen es nicht nur, weniger urteilend, ängstlich oder deprimiert zu sein, wir schätzen das Selbst an sich.

Das ist dieselbe Aussage, die wir an einer Stelle gegen Ende des Textbuchs finden, in der Jesus uns sagt, das Problem bestehe nicht darin, *was* wir denken, sondern *dass* wir denken (T-31.V.14). Nicht, ob wir recht- oder falschgesinnt sind, ist das eigentliche Problem, sondern dass wir denken, es gebe ein Selbst, das recht- oder falschgesinnt sein kann. Der Kurs führt uns zur HIMMELSpforte, und direkt davor liegt die wirkliche Welt. Jenseits der Pforte wartet GOTT, am Ende der Reise, die es niemals gegeben hat. In der wirklichen Welt ist das Ich-Empfinden verschwunden, denn wir stehen außerhalb des Traums und sind nicht länger eine Figur innerhalb des Traums. Jesus beschreibt dies an verschiedenen Stellen im Textbuch und erklärt an einer Stelle, dass wir nur einen Augenblick lang in der wirklichen Welt verweilen und gerade Zeit genug haben, GOTT dafür zu danken; dann ist der Traum vorbei, und GOTT neigt sich herab und hebt uns zu SICH auf (T-17.II.4:4-5). Das ist natürlich bloß eine Metapher, um einen Prozess zu beschreiben, der nicht beschrieben werden kann außer mithilfe von Symbolen.

So ist die *wirkliche Welt* der im Kurs verwendete Begriff für den Zustand, in dem der illusionäre Geist erkennt, dass alles, was vom Ego stammt, eine Illusion ist. Der falschgesinnte Geist ist eine Illusion, und deshalb verschwindet er. Der rechtgesinnte Geist, der für die Berichtigung der Illusion sorgt, ist nicht länger vonnöten, denn er hat bereits den falschgesinnten Geist berichtigt, und so verschwindet auch er. Schließlich ist der Teil des Geistes, der entscheidet, nun unnötig und bedeutungslos, weil es nichts mehr zu entscheiden gibt. Kein falschgesinnter Geist, kein rechtgesinnter Geist, kein Entscheider – das gesamte Selbst ist vergangen, und wir gehen in die wirkliche Welt ein. Wir haben ein für allemal entschieden, die Wirklichkeit des Ego zu verneinen und stattdessen zu bejahen, dass nur die SÜHNE des HEILIGEN GEISTES wahr ist. In den anderen fünf Phasen schwanken wir, aber diese sechste und letzte Phase ist dauerhaft. Das ist mit dem Kind in Nietzsches Parabel und dem reinen Geist in Helens »Jesusgebet« gemeint.

Das Kind ist Unschuld, und das bedeutet, dass es keine Sünde und keine Schuld gibt; nichts ist geschehen, um das Unveränderliche zu verändern: »... nicht eine Note im Lied des HIMMELS [wurde] ausgelassen« (T-26.V.5:4). Nichts hat die Wirklichkeit verändert. Es gab keine Trennung, keinen

Bruch in der GOTTHEIT. Die Liebe fließt, wie sie immer geflossen ist, denn nichts hat die Unschuld CHRISTI gestört. Durch diese Wahrheit, im Kurs SÜHNE genannt, wird die Geschichte des Ego aufgehoben, dass GOTTES SOHN schuldig ist. Die SÜHNE zu akzeptieren bedeutet, alles zu vergessen, was das Ego gelehrt hat. Tatsächlich lehrt uns der HEILIGE GEIST zu vergessen, woran wir uns erinnert haben – nämlich an das Egodenksystem –, und uns an das zu erinnern, was wir vergessen haben, nämlich WER wir als CHRISTUS sind (z.B. T-5.II.6:1; T-12.II.2). Wie gesagt: »Unschuld ist das Kind und Vergessen, ein Neubeginnen, ein Spiel ...« Die Verwendung des Wortes *Spiel* geht Hand in Hand damit, dass Zarathustra tanzt, lacht und singt: Er nimmt die Welt nicht ernst. So schauen wir auf die *winzig kleine Wahnidee* und erinnern uns daran zu lachen, statt das Lachen zu vergessen.

Der gespaltene Geist umfasst also die Art und Weise, wie sowohl das Ego als auch der HEILIGE GEIST die *winzig kleine Wahnidee* betrachten. Das Ego ist von ihr begeistert und schwelgt in der Freiheit, die es glaubt gewonnen zu haben. Wenn sich der Entscheider jedoch dem HEILIGEN GEIST zuwendet, macht er sich das sanfte Lächeln zu eigen, das das Ego und sein wahnsinniges Denksystem der Trennung sanft abtut. In diesem Lächeln drückt sich der Gedanke aus, dass nichts geschehen ist und wir immer noch zu Hause bei GOTT sind. Das ist die Essenz von Nietzsches Botschaft, die Berichtigung für den Ernst, den die Welt zu haben scheint und mit dem wir die Welt betrachten. Es ist ein Neubeginn, eine erste Bewegung, »ein aus sich rollendes Rad«, und das heißt, es ist *meine* Macht, *mein* Wille, der das Rad in Schwung bringt. Das »mein« ist das Selbst, das entscheidet und endlich die Wahl für das SELBST statt das Selbst getroffen hat. Trotz des Umstands, in einer Welt der ewigen Wiederkehr des Gleichen zu leben, in der sich dieselben Dinge ständig und dauernd wiederholen, steht der Übermensch in Nietzsches System über ihnen allen und ist unberührt von ihrer vermeintlichen Macht. Wenn wir Nietzsche und den Kurs kombinieren, können wir sagen, dass der Übermensch nicht die Welt verändert – wie kann sich verändern, was nicht existiert? – und von ihr auch nicht berührt wird, weil er über den Veränderungen des Lebens steht. Dieser fortgeschrittene Lehrer GOTTES schaut einfach nur auf das Unwirkliche herab und tanzt; er lacht über das, was als drohende Gewitterwolken erscheint, und leitet so die wirkliche Welt ein.

Diejenigen, die in der wirklichen Welt sind, wie zum Beispiel Jesus, wissen, dass sie nicht hier sind. Menschen sehen vielleicht den in Erscheinung tretenden Körper und gehen eine Beziehung zu ihm ein, aber diejenigen, die in der wirklichen Welt leben, wissen, dass sie außerhalb des Traums sind. Als Christen über das Phänomen Jesus berichteten, gingen sie komplett in die Irre, denn sie sprachen von ihm als von jemandem, der hier in einem Körper war. Nicht nur, dass er körperlich hier war, er starb auch für uns am Kreuz, wie sie glaubten. Deshalb sollten wir dem, was in der Bibel steht, keinen Glauben schenken. Es basiert auf einer Lüge. Als Jesus in der Welt erschien, wusste er, dass er nicht hier war. Seine Botschaft an uns lautete, dorthin zu kommen, wo er sich aufhält, um das ewige Kind zu sein. Doch statt uns mit Jesus außerhalb des Traums zu verbinden, hat ihn die Welt in den Traum geholt und so dessen vermeintliche Wirklichkeit aufrechterhalten und zur Wahrheit Nein gesagt.

Das »heilige Ja«

Bis hierher waren wir Kamele und Löwen. Das Kamel sagt Ja zur Welt, ohne zu erkennen, dass dieses Ja in Wirklichkeit eine Negation ist, ein Nein zur Wahrheit. Die Welt ist dieses Ja, und wir alle bejahen die Verneinung der Wahrheit. Der Löwe zeigt sich, wenn wir plötzlich erkennen, dass das Kamel – das Ego – uns in eine Wüste geführt hat, in der wir nicht länger bleiben wollen. Wir sagen daher Nein zu dem Ja, das die Welt zur Verneinung der Wahrheit sagt. Auf diese Weise löscht der Löwe die Negation aus; *er leugnet die Verleugnung der Wahrheit* (T-12.II.1:5). Wir sagen »Nein zum Nein«; das heißt, wir sagen Ja zur Wahrheit (T-21.VII.12:4). Wenn die vom Ego stammende Negation aufgehoben ist, bleibt das »heilige Ja«. Wie Nietzsches »heiliges Ja« im Kurs verstanden wird, ist es die

Bejahung des Lebens selbst, aber nicht des Lebens der Welt. Das eigentliche »heilige Ja« sagen wir zur Wirklichkeit GOTTES und SEINER LIEBE.

Wir forcieren dieses Ja nicht. Es geschieht von selbst in dem Maße, wie wir begreifen, dass der Löwe nicht der letzte Schritt ist. Um auf eine frühere Aussage zurückzukommen: Das Problem ist, dass es sich gut anfühlt, ein Löwe zu sein. Wir vergessen dann rasch unser spirituelles Ziel und den Umstand, dass der Löwe nur ein Durchgangsstadium ist. Sobald wir das aus dem Blick verlieren, verwandelt sich der *Wille zur Macht* (oder der Wille zu wählen) rasch in einen Willen zur Dominanz – eine Macht, die überwältigt und zerstört. Wie die Religionsgeschichte der Welt bezeugt, ist diese Versuchung groß; spirituelle Führungspersönlichkeiten gehen dieser Macht oft in die Falle. Wir bekommen eine Ahnung vom *Willen zur Macht* – der Macht des Geistes zu wählen – und identifizieren uns rasch damit: Es ist *mein* Wille. Das meint der bekannte Spruch des englischen Historikers Lord Acton: »Macht korrumpiert, und absolute Macht korrumpiert absolut.« Es fehlt uns immer noch an Demut, und wir erkennen nicht, dass Demut eine wichtige Komponente des ersten Stadiums war. Sie ist auch im zweiten Stadium wichtig, denn sie führt uns zum dritten.

Ein Beispiel: Sehr rasch nach der Veröffentlichung des Kurses begannen Menschen, ihn als Waffe gegen andere zu benutzen. Irgendwann Mitte der 1970er-Jahre, als der Kurs gerade erschienen war, reiste ich mit Helen, Bill und Judy Skutch in die Südstaaten und lernte einen Mann kennen, der von den Erfahrungen, die er in seiner Kirche als Kind und Jugendlicher gemacht hatte, offenkundig traumatisiert war. Er verfasste eine Liste, mit der er Punkt für Punkt darstellte, wie der Kurs alles widerlegte, was die Bibel und seine Kirche lehrte. Er war im Begriff, zu seinem Geistlichen zu gehen und ihn mit dem zu konfrontieren, was Jesus *in Wirklichkeit* gesagt hatte. Helen konnte ihn glücklicherweise davon abhalten; ich weiß allerdings nicht, was später geschah. Das ist ein Beispiel für Machtmissbrauch. Wir fühlen uns gut, weil wir merken, dass die Werte der Welt nicht stimmen. Doch wenn wir glauben, wir müssten diese Wahrheit unbedingt anderen verkünden, indem wir sie demütigen, in Verlegenheit bringen oder ihnen ihre Irrtümer nachweisen, sind Zarathustras Worte angebracht: Selbst wenn wir recht hätten, hätten wir unrecht. Sobald wir zwanghaft etwas tun wollen, begleitet von einem starken Ich-Empfinden, sobald wir meinen, im Besitz der Wahrheit zu sein, sollten wir uns daran erinnern, dass das nicht der Fall ist.

Der Dreh- und Angelpunkt des Egodenksystems der Besonderheit ist der *Unterschied*: »Du bist anders als ich; du gehst fehl und ich nicht. Ich bin im Besitz der Wahrheit, und sie steht in diesem heiligen Buch.« Wenn wir so denken, wissen wir, dass wir uns irren, denn wir behaupten, dass der andere unrecht hat. In Wahrheit sind wir jedoch dasselbe, wie uns das Neujahrsgebet im Kurs in Erinnerung ruft:

> Mach dieses Jahr dadurch zu einem anderen, dass du es ganz zum selben machst (T-15.XI.10:11).

Wenn wir anderen die Lehren des Kurses unsensibel entgegenhalten, verwenden wir einen Kurs, der die inhärente Gleichheit von GOTTES SOHN lehrt, als Waffe, um zu beweisen, wie verschieden wir sind und wie sehr sich der Kurs von dem unterscheidet, was andere Menschen lehren und glauben. Wir sprechen hier nicht von einem objektiven Vergleich. Zweifellos lehrt der Kurs eine andere Form der universellen Botschaft als die Bibel, aber es gibt keinen Grund, Anhänger der Bibel zu be- oder verurteilen. Wir müssen nicht alle Hebel in Bewegung setzen, um andere Menschen zu widerlegen, besonders da ein solches Verhalten unterschwellig davon motiviert ist, uns selbst auf ihre Kosten ins Recht zu setzen.

Deshalb fragt uns Jesus bekanntermaßen:

> Willst du lieber recht haben oder glücklich sein? (T-29.VII.1:9)

Wenn wir recht haben wollen, werden wir nie glücklich sein, denn das Bedürfnis, recht zu haben, heißt, dass wir beweisen wollen, dass jemand anders sich irrt. Das wiederum heißt: Wir haben bewiesen, dass Unterschiede wirklich sind. Wie könnten wir, wenn wir uns mit einem wahnsinnigen Denksystem identifizieren, glücklich sein?

Wenn wir beweisen müssen, dass andere sich irren und wir recht haben und wir dazu die »heiligen Worte« des Kurses benutzen, verstärken wir überdies unsere Schuld. Wir klagen uns damit erneut an, das EINSSEIN von GOTTES LIEBE verraten zu haben, indem wir die Wahrheit von Individualität und Trennung bestätigt haben. Den Beweis, dass das, was wir glauben, wahr ist, treten wir vielmehr durch unsere Liebe an. Ich zitiere oft den wunderbaren Satz aus dem Textbuch:

> Lehre nicht, dass ich umsonst gestorben bin. Lehre vielmehr, dass ich nicht gestorben bin, indem du aufzeigst, dass ich in dir lebe (T-11.VI.7:3-4).

Wir lehren nicht Jesu Worte oder seine Theorie; wir *zeigen* ihre Wahrheit *auf*, indem wir seine Liebe durch uns lehren lassen. Das ist Nietzsches Kind der Unschuld, das das EINSSEIN des HIMMELS spiegelt. Wo Trennung ist, gibt es Unterschiede, und das heißt, es gibt Sünde. Sünde ist der wahnsinnige Glaube an die Wirklichkeit der Trennung. Und wenn Sünde wirklich ist, muss auch Schuld wirklich sein. Wie kann es dann Unschuld geben, die mit Einssein identisch ist? Immer wenn wir uns bei dem Versuch ertappen, zu beweisen, dass jemand sich irrt, und wir eine Investition darin haben, sollten wir innehalten und unseren LEHRER um Hilfe bitten. Die Macht des Löwen liegt in seiner Sanftmut, nicht in seiner Fähigkeit zu dominieren, und diese Eigenschaft (die vierte Eigenschaft eines fortgeschrittenen Lehrers GOTTES im Handbuch für Lehrer [H-4.IV]) markiert die Verwandlung zum Kind.

Der Prozess der Kindwerdung impliziert, dass es kein Ich mehr gibt, da wir außerhalb des Traums der Individualität und Besonderheit stehen. Deshalb gibt es in der wirklichen Welt im Übrigen niemanden namens Jesus; wie schon erwähnt, hat das Nichtkonkrete keinen Namen (siehe S. 128). Doch ist das nichts, worauf wir unser Augenmerk zu legen brauchen. Der Wechsel zur wirklichen Welt wird sich von allein vollziehen in dem Maße, in dem es uns gelingt, unser persönliches Selbst aus dem Weg zu räumen. Und das Einzige, was wir tun müssen, damit dies geschieht, ist, dass wir uns unser Bedürfnis bewusst machen, Unterschiede zu sehen und Menschen ins Unrecht zu setzen. So trachten wir danach, zu begreifen, dass jeder an demselben wahnsinnigen Denksystem teilhat ebenso wie an dem Bedürfnis, von diesem Denksystem zu erwachen. Wir trachten nicht danach, das Ego zu ändern; wir machen uns bloß unsere Versuchung bewusst, es zu tun.

Es ist hilfreich zu registrieren, wie wohl wir uns damit fühlen, andere zu kritisieren und ärgerlich oder deprimiert zu werden. Das scheint widersinnig zu sein, aber Tatsache ist, dass wir solche Gedanken unbewusst wählen, damit wir Opfer sein können, was zeigt, dass wir unsere Gefühle von Ärger und Elend wertschätzen. Es genügt, dass wir den Kausalzusammenhang wahrnehmen zwischen unserer Entscheidung, krank zu sein, in

Besorgnis zu geraten oder anzugreifen, und den unglücklichen Wirkungen, die unausweichlich auf diese Entscheidung folgen, damit wir uns nicht länger mit den Urteilen des Ego, sondern stattdessen mit der Vergebung des HEILIGEN GEISTES identifizieren.

Es gibt einen Teil von uns, der all das versteht, und dennoch gefällt es uns nicht. Es lässt sich auf die Frage reduzieren, was wir wertschätzen. Hier ist Nietzsches System hilfreich, denn es lenkt unsere Aufmerksamkeit auf unsere Werte. Wir messen unserem Selbst Wert bei, obwohl uns auf einer bestimmten Ebene bewusst ist, dass diese verdrehte Selbstachtung uns daran hindert, in das nichtdualistische Zuhause zurückzukehren, wo sich unser Selbst mit unserem SELBST vereint und das getrennte Ich verschwindet. Auch wenn ein Teil von uns das wahrhaft wünscht, hat ein anderer Teil panische Angst, und diese ist es, die uns auf der Leiter ins Stocken geraten lässt. Diese Angst manifestiert sich oft physisch oder psychisch darin, dass wir krank, ärgerlich oder depressiv werden oder Gefühle von Hoffnungslosigkeit hegen.

Diese Reaktionen dienen dem Selbstschutz. Das Ego versucht auf diese Art, seine Existenz zu schützen, was in Lektion 136 »Krankheit ist eine Abwehr gegen die Wahrheit« erläutert wird. Alles – Krankheit, Ärger, Depression, Ängstlichkeit etc. – ist eine Abwehr gegen die Wahrheit, weil es uns auf unserer Reise lähmt. Wir haben Angst, dass wir, wenn wir weitermachen, verschwinden werden. Es ist hilfreich zu wissen, dass das Ich erst ganz am Ende verschwindet, und darum brauchen wir uns, wie schon erwähnt, keine Sorgen zu machen. Was verschwindet, während wir auf dem Weg voranschreiten, sind unsere Unruhe, unser Unglück und unsere Einsamkeit, und was bleibt, ist ein erhöhtes Gefühl von Wohlbefinden. Die Reise endet, wenn wir erkennen, dass selbst dieses Glück nicht genug ist, denn wir wollen total frei von allem sein, was ein Ausdruck der Dualität ist. Aber niemand hetzt uns oder treibt uns zu diesem Gewahrsein.

Das Kind in uns

Wir wenden uns nun Teilen aus der Übungsbuchlektion 182 zu »Ich will einen Augenblick lang still sein und nach Hause gehen«, die vom Kind handeln. Die ersten drei Abschnitte beschreiben unsere Erfahrung der Fremdheit in der Welt – das Gefühl, dass die Welt nicht unser Zuhause ist. Jesus sagt, jeder wisse, wovon er spricht, und dann wechselt er mitten im vierten Absatz das Thema:

Doch ist ein KIND in dir, DAS SEINES VATERS Haus sucht und erkennt, dass ES hier fremd ist (Ü-I.182.4:3).

»Kind« steht in Kapitälchen, weil es sich auf den CHRISTUS in uns bezieht oder, für die Zwecke unserer Erörterung, auf die Erinnerung an DEN, DER wir als CHRISTUS sind, den Wunsch, zu unserem wahren SELBST zurückzukehren.

In dem Wissen, dass wir hier Fremde sind, begreift der Löwe, dass die Welt keine wirkliche Bedeutung hat. Diese Welt ist eine Wüste, »wohin hungernde und dürstende Kreaturen kommen, um zu sterben« (Ü-II.13.5:1). Das ist kein Ort, an dem wir uns häuslich niederlassen sollten. Dieses Wissen öffnet unseren Geist, damit er sein wahres Zuhause willkommen heißt, den HIMMEL, in dem wir auf immer und ewig leben:

Diese Kindheit ist ewig, mit einer Unschuld, die auf immer währen wird. Wo dieses KIND hingehen wird, da ist heiliger Boden. Und SEINE HEILIGKEIT ist es, die den Himmel hell macht und die reine Widerspiegelung des Lichtes droben auf die Erde wiederbringt, in welchem Erde und HIMMEL sich als eins verbinden (Ü-I.182.4:4-6).

Das ist das Ende der Reise. Dann wird das, was gespiegelt wurde, zum tatsächlichen Zustand. Im Zusammenhang mit Heilung sagt Jesus vom Ende dieser Reise:

> Diejenigen, die gelernt haben, nur Heilung anzubieten, um der Widerspiegelung der Heiligkeit in ihnen willen, sind endlich bereit für den HIMMEL. Dort ist die Heiligkeit keine Spiegelung, sondern vielmehr der tatsächliche Zustand dessen, was für sie hier nur gespiegelt wurde. GOTT ist kein Bild, und SEINE Schöpfungen

> – als Teil von IHM – enthalten IHN in Wahrheit. Sie spiegeln die Wahrheit nicht nur wider, denn sie *sind* die Wahrheit (T-14.IX.8:4-7).

Um zu der Liebe zu werden, die hier nur widergespiegelt wird, müssen wir die Unschuld des SOHNES GOTTES – des heiligen und ewigen KINDES, DAS unser SELBST ist – ausnahmslos in jedem sehen, dem wir begegnen. Auf diese Weise verbindet sich das EINSSEIN des HIMMELS mit der Gleichheit aller, die auf dieser Erde wandeln. Und das Licht des HIMMELS scheint noch heller, wenn jeder scheinbar fragmentierte SOHN zu dem Zuhause zurückkehrt, das er nie verlassen hat.

Wenn du einen Augenblick lang still bist, wenn die Welt von dir weicht, wenn wertlose Ideen aufhören, für deinen ruhelosen Geist von Wert zu sein, dann wirst du SEINE STIMME hören (Ü-I.182.8:1).

In diesen Sätzen bezieht sich »SEINE Stimme« auf das KIND, und es ist dieselbe Stimme wie jene des HEILIGEN GEISTES. Doch wir können SIE nicht hören, solange uns wertlose Ideen wichtig bleiben. Die Rolle des Löwen besteht darin, dem Wertlosen nicht länger Wert beizumessen (Ü-I.133): den Gedanken der Besonderheit oder Individualität und den Gedanken des Rechthabens. Diese sind wertlos, weil sie uns nicht glücklich machen, und das Einzige, worum Jesus uns bittet, ist die kleine Bereitwilligkeit, uns für den heiligen Augenblick zu entscheiden und das infrage zu stellen, was wir bis jetzt für wertvoll gehalten haben.

So ergreifend ruft ER [CHRISTUS als KIND] dich, dass du IHM nicht länger widerstehen wirst. In jenem Augenblick wird ER dich mit zu SICH nach Hause nehmen, und du wirst in vollkommener Stille, schweigend und in Frieden, bei IHM bleiben, jenseits aller Worte, unberührt von Angst und Zweifel, in erhabener Sicherheit, dass du zu Hause bist (Ü-I.182.8:2-3).

Damit ist der spirituelle Weg vollendet, und das KIND führt uns nicht länger, weil wir zum KIND geworden sind. Wie Jesus an verschiedenen Stellen im Kurs sagt, ist dies jenseits dessen, was er uns lehrt (z.B. T-18.IX.11; Ü-I.161.4; Ü-I.169.10). Tatsächlich kann dies nicht gelehrt werden (Ü-I.157.9). Was er uns jedoch lehrt, ist, dem Wertlosen keinen Wert beizumessen – ein Löwe zu werden. Der Schwerpunkt des Kurses liegt also darauf, die Welt anzuschauen und zu erkennen, dass sie nicht das ist, was wir wollen, so wie es in der Übungsbuchlektion 128 heißt: »Die Welt, die ich sehe, birgt nichts, was ich will.«

Es sei betont, dass Jesus nicht die Welt meint, sondern das, wovon die Welt die Projektion ist: das Denksystem der Schuld, von dem sie hervorgebracht wurde (T-13.Einl.2:2). Auf einer praktischen alltäglichen Ebene bedeutet dies, unsere Werte infrage zu stellen, zu erkennen, dass wir alle dasselbe sind – dass wir gemeinsame statt getrennte Interessen haben –, und somit die Einheit hinter der falschen Egowahrnehmung von Unterschieden zu sehen.

Du hast deine Unschuld nicht verloren (Ü-I.182.12:1).

Unsere Unschuld ist nicht verloren, denn sie ist immer da. Wir können uns den HEILIGEN GEIST als Erinnerung an unsere Unschuld als CHRISTUS vorstellen. Das Problem ist, dass die Unschuld von Schuld überdeckt ist, und diese Schuld wird ihrerseits von der Welt der Schuld zugedeckt. Was ist Schuld? Es ist die Trennung. Was ist die Welt der Schuld? Es sind die getrennten Interessen. Deshalb bilden Schuld und die Wahrnehmung von Unterschieden den doppelten Schild des Vergessens, den das Ego ersonnen hat, um uns daran zu hindern, Zugang zur Erinnerung an die Unschuld zu erlangen, die alle Unterschiede und damit auch die Sünde transzendiert.

Genau danach sehnst du dich. Das ist dein Herzenswunsch (Ü-I.182.12:2-3).

In diesem Satz steckt implizit eine Frage, die Jesus uns stellt: »Warum willst du etwas anderes als deine Unschuld? Warum möchtest du das wählen, was die Welt der Besonderheit dir bietet?« Die Erfüllung unserer besonderen Bedürfnisse und

Wünsche wird uns niemals den Frieden GOTTES bringen und uns nicht den Zustand der Unschuld zurückgeben, den wir meinen weggeworfen zu haben und nach dem wir uns immer noch sehnen. Das Wesen der Besonderheit ist, dass sie trennt und Menschen anders macht. Unsere Bedürfnisse lassen uns glauben, wir seien anders als andere, die wir zu ihrer Befriedigung brauchen. Doch wir werden niemals Glück in der Trennung finden noch uns darin an die Unschuld erinnern, die im Einssein geboren wird. Diese Unschuld *ist* unser »Herzenswunsch«, der einzige wahre Wert in einer wertlosen Welt.

Das ist die Stimme [des KINDES], **die du hörst, und das der Ruf, der nicht verleugnet werden kann. Das heilige KIND bleibt bei dir. SEIN Heim ist deines. Heute schenkt ES dir SEINE Wehrlosigkeit, und du nimmst sie an im Austausch gegen all das Kriegsspielzeug, das du gemacht hast. Und jetzt steht der Weg offen, und die Reise hat ein Ende, das endlich in Sicht ist. Sei einen Augenblick lang still, und geh mit IHM nach Hause, und sei in Frieden eine Weile (Ü-I.182.12:4-9).**

Was hilfreich ist, wenn wir eine Stelle wie diese lesen – es folgt gleich noch eine ebenso schöne Stelle –, ist, uns klarzumachen, dass die Unschuld des KINDES das ist, was wir wirklich wollen und wonach wir uns in Wahrheit sehnen. Dann wird uns deutlich, wie wahnsinnig wir sind, dass wir dies wegwerfen wollen für die kleinen Krumen der Besonderheit, von denen wir meinen, sie hätten einen so großen Wert, dass wir sie mit törichtem »Kriegsspielzeug« verteidigen. Diese Krumen funktionieren im ersten Abschnitt unseres Lebens sehr gut – in der Kindheit, der Jugend und dem frühen Erwachsenendasein –, denn damit kann man Dinge in der Welt erreichen. Wir sollten daher dankbar sein, denn das sind die Schritte des Lehrplans, den Jesus nutzt, um uns nach Hause zu führen.

Jetzt schauen wir mit offenen Augen und sehen Besonderheit als die Wüste, die sie ist. Unser Ärger und unsere Urteile (»das Kriegsspielzeug«) – wie gerechtfertigt sie auch sein mögen – bedeuten, dass wir immer noch gegen die Drachen der Welt ankämpfen, und dieser Wunsch zu kämpfen hält uns in der Wüste fest. Warum, so fragt Jesus unablässig, wollen wir nicht die mageren Angebote des Ego gegen das Bankett der Liebe eintauschen, das er uns anbietet, während er uns nach Hause und in die Stille seines Friedens führt?

Sich mit dem KIND identifizieren

Die letzten beiden Absätze der Übungsbuchlektion 187 »Ich segne die Welt, weil ich mich selber segne« beschreiben, was geschieht, wenn wir uns mit dem KIND identifizieren, DAS unser SELBST ist.

Jetzt sind wir im Gedanken eins, denn die Angst ist vergangen. Und hier, vor dem Altar für *einen* GOTT, *einen* VATER, *einen* SCHÖPFER und *einen* GEDANKEN, stehen wir gemeinsam als *ein* SOHN GOTTES. Nicht getrennt von IHM, DER unsere QUELLE ist, nicht fern von *einem* Bruder, der Teil unseres *einen* SELBST ist, DESSEN Unschuld uns alle als eins verbunden hat, stehen wir alle in Seligkeit da und geben, wie wir empfangen (Ü-I.187.10:1-3).

Die Botschaft kann man schwerlich überhören. Der Segen der Unschuld ist das, was wir wirklich wollen, und wir müssen uns diesen Gedanken jedes Mal ins Gedächtnis rufen, wenn wir in Versuchung geraten, Unterschieden Wirklichkeit zu verleihen – zu kritisieren, uns lustig zu machen, jemanden ins Unrecht zu setzen oder ihn verändern zu wollen. Wie könnten wir eine Person ändern, die mit uns eins ist? Wir tun das nur, wenn wir den anderen für anders halten. Und so müssen wir ständig den Gedanken der Unterschiede und den Gedanken des Einsseins zueinanderbringen. Das wird uns durch diese Stadien hindurch zu unserem Ziel geleiten, das unschuldige Kind zu sein. Doch, wie wir wissen, tun *wir* es nicht. Unser Teil ist einfach, auf diese beiden Gedanken mit Jesus zu schauen, denn dies ermöglicht uns, den einen zu wählen und den anderen loszulassen. Denken wir an den Satz aus dem Textbuch:

> Der Ausweg aus dem Konflikt zwischen zwei entgegengesetzten Denksystemen ist eindeutig der, sich für das eine zu entscheiden und das andere aufzugeben (T-6.V-B.5:1).

Dazu müssen wir den Konflikt sehen, denn wie sonst könnten wir zwischen zwei Denksystemen wählen, wenn wir nicht wissen, dass wir sie haben? Wie könnten wir dem Konflikt entrinnen, wenn wir nicht einmal wissen, dass wir im Konflikt stecken? Wenn wir glauben, Unterschiede seien wahr und die fragmentierte SOHNSCHAFT sei die Wirklichkeit, stehen wir in Konflikt mit der Wahrheit, eine völlig unhaltbare Position. Dann versuchen wir, uns gegen diese Wahrheit zu verteidigen – wie wir es am Anfang auch gegen GOTT taten und immer noch tun –, weil wir das getrennte Selbst des Ego verteidigen, von dem wir wissen, dass es unwahr ist.

Der NAME GOTTES ist auf unseren Lippen (Ü-I.187.10:4).

»Der NAME GOTTES« ist das Thema von Lektion 183 und 184. Doch der NAME wird nie genannt, weil GOTT keinen Namen hat. GOTTES NAME ist unsere IDENTITÄT als Teil SEINES vollkommenen EINSSEINS. Es gibt keine zwei Identitäten im HIMMEL, denn es gibt nur ein SELBST, und daher ist GOTTES NAME unsere IDENTITÄT und unser Erbe, wie diese Lektionen lehren. SEIN NAME ist der NAME des EINSSEINS: von GOTT *und* SOHN. Wenn der »NAME GOTTES [...] auf unseren Lippen« ist, brauchen wir uns nur dabei zu beobachten, wie wir danach trachten, dieses Einssein zu verleugnen und zu zerstören, sobald wir die Wahl treffen, ärgerlich zu werden, zu urteilen und zu manipulieren – Symptome der Besonderheit, die den SOHN trennen und fragmentieren, den GOTT als eins mit SICH erschaffen hat.

Wenn wir nach innen schauen, sehen wir die Reinheit des HIMMELS in unserer Widerspiegelung der LIEBE unseres VATERS leuchten (Ü-I.187.10:5).

Diese Widerspiegelung ist das vollkommene Kind der Unschuld, die dritte Verwandlung. SEINE Liebe und sein Einssein, mit denen wir uns nun identifizieren, dehnen sich sanft durch uns aus, um alle zu umfangen, die glauben, sie seien Kinder der Trennung und der Schuld.

Jetzt sind wir gesegnet, und jetzt segnen wir die Welt. Was wir geschaut haben, möchten wir ausdehnen, denn wir möchten es überall sehen. Wir möchten es leuchtend mit der Gnade GOTTES in einem jeden sehen. Wir möchten nicht, dass es vor irgendetwas, worauf wir schauen, zurückgehalten werde (Ü-I.187.11:1-4).

»Wir möchten nicht, dass es vor irgendetwas, worauf wir schauen, zurückgehalten werde.« Das ist der Schlüssel. Wenn wir keinen anderen Satz außer diesem im Kurs lesen und verstehen, haben wir seine Botschaft der Vergebung verstanden. Das würde uns erlauben, uns selbst zu vergeben, wenn wir uns dabei beobachten, wie wir GOTTES Gnade, die Widerspiegelung SEINER LIEBE, irgendjemandem oder irgendetwas vorenthalten, den oder das wir sehen. Sobald wir *einen* Menschen angreifen, greifen wir alle an, weil wir die vollkommene Einheit und Ganzheit der SOHNSCHAFT zerstören. Dieser allumfassende Inhalt des Geistes – Angriff oder Vergebung – ist es, was den Kurs so schwierig macht. Eben unser Selbst als solches gründet auf dem Glauben an Unterschiede und Ausschließlichkeit. Körper wurden gemacht, um verschieden zu sein, und daher halten wir uns für Körper. Deshalb haben wir eine Welt mit Abermilliarden von Körpern gemacht, und jeder von ihnen gehört einer bestimmten Gattung an, in der es eine Vielzahl von Unterschieden gibt. Da wir uns mit dem Körper identifizieren, ist es sehr schwer, unseren Widerstand zu überwinden, vom Körper beiseite zu treten. Innerhalb der Illusion der Zeit braucht es deshalb Zeit, um das Egodenksystem aufzuheben.

Sobald wir die inhärente Wertlosigkeit von allem hier erkennen und den inhärenten Wert der Liebe im Innern spüren, dehnen sich die Segnungen des Friedens von selbst durch uns aus. *Wir* segnen die Welt nicht, und wenn wir es zu tun glauben, wird der Segen zum Fluch. Stattdessen trachten wir danach, dass der Segen durch uns hindurchfließt, indem wir uns ihm nicht in den Weg stellen. Doch wenn wir feststellen, dass wir seine Ausdehnung stören, indem wir ihn lenken und Jesus sagen, wer gesegnet werden sollte und wer nicht, oder einen persönlichen Gewinn daraus ziehen, wissen wir mit Sicherheit, dass wir wieder ins Egoland der Flüche, der Besonderheit und getrennten Interessen zurückgekehrt sind.

Und um sicherzugehen, dass diese heilige Sicht unser ist, bieten wir sie allem, was wir sehen, an (Ü-I.187.11:5).

Jesus sagt das, falls wir den Satz davor überlesen haben: »Wir möchten nicht, dass es [die Reinheit des HIMMELS] vor irgendetwas, worauf wir schauen, zurückgehalten werde.« Die »heilige Sicht« ist die Schau CHRISTI, die wahre Wahrnehmung des HEILIGEN GEISTES. »Und um sicherzugehen, dass diese heilige Sicht unser ist, bieten wir sie allem, was wir sehen, an«. *Allem,* nicht nur einigen. Dieser Satz nimmt Jesu letzte Schau vorweg:

> Doch ist dies eine Schau, die ihr mit jedem teilen müsst, den ihr erblickt, denn ansonsten werdet ihr sie nicht erblicken (T-31.VIII.8:5).

Es ist höchst lehrreich zu sehen, wie oft Jesus im gesamten Kurs Wörter wie *alles, alle* und *jeder, jedes* benutzt. Dieses Allumfassende ist die Haupteigenschaft des unschuldigen Kindes. Unschuld bedeutet, dass keine Schuld da ist. Wenn keine Schuld da ist, gibt es keine Trennung. Wenn es keine Trennung gibt, bleiben wir der eine SOHN, den GOTT als eins mit SEINER LIEBE schuf. Dann müssen wir darauf achten, wie wir diese einfache Wahrheit unterlaufen, wie wir versuchen, GOTT, den HEILIGEN GEIST oder Jesus auf unsere Seite zu ziehen, damit SIE unsere Meinung teilen, beispielsweise in der Form, dass einige Menschen einen Segen verdienen, andere nicht. Deshalb hängen in der berühmten Kreuzigungsszene in der Bibel sowohl ein guter als auch ein böser Schächer neben Jesus am Kreuz. Es gibt immer die Guten und die Bösen, die Schafe und die Böcke, die Geretteten und die Verdammten. Wir sollten niemandem oder nichts glauben, der oder das Unterschiede predigt.

Denn da, wo wir sie [die Unschuld] **sehen, wird sie uns in Form von Lilien zurückgegeben werden, die wir auf unseren Altar legen können, ihn so zu einer Wohnstatt für die UNSCHULD SELBST zu machen, DIE in uns wohnt und uns SEINE HEILIGKEIT als die unsere schenkt (Ü-I.187.11:6).**

Die UNSCHULD SELBST ist GOTT, und Lilien sind im Kurs die großen Symbole der Vergebung, die wir auf den Altar unseres Geistes legen. Wir bieten seine Unschuld jedem an, dem wir begegnen oder an den wir denken, ohne Ausnahme. Auf diese Weise bereiten wir unseren Geist auf GOTT vor, denn wir haben die Wahrheit willkommen geheißen (Ü-

II.14.3:7). Wir haben unseren Teil der Reise vollendet, indem wir über die unheilige Egowelt der getrennten Interessen hinausgegangen sind zu Jesu Welt der reflektierten Heiligkeit: zur Unschuld des KINDES, GOTTES SOHN, dessen Licht in allen vermeintlichen Fragmenten des Traumes leuchtet.

6

Ausklang: Die Geburt des KINDES in uns

Einen passenden Abschluss für unsere Erörterung bildet Helen Schucmans wunderbares Gedicht »Weihnachtshoffnung«*. Helen hatte es als Weihnachtsgeschenk für einen guten Freund von uns verfasst, einen Priester. Das Gedicht bedient sich der Weihnachtssymbolik, um von der Geburt des KINDES in uns allen zu sprechen, dem Ziel, zu dem der Kurs uns behutsam hinführt. Die Reise, die uns von und durch die Welt des Kamels führte, endet voller Freude, wenn wir in die tröstenden ARME zurückkehren, die niemals aufgehört haben, uns in Liebe zu umfangen.

---

* *Die Gaben Gottes*, a.a.O., S. 92

Weihnachtshoffnung

Geboren ist der CHRISTUS nicht, noch stirbt ER, doch
wird ER in jedem neu geborn.
Die Auferstehung und Geburt sind in IHM eins,
denn mit des GOTTESSOHNES Kommen fängt
das Licht der Auferstehung an.

Der HIMMEL braucht keine Geburt des CHRISTUS. Doch
der SOHN des HIMMELS braucht die Welt
als Ort seiner Geburt, denn überwunden ist sie, weil
ein KIND geboren wird. Und DIESES ist's,
das GOTTES Ewigkeitsversprechen bringt.

Den Traum vom Tod beschließt SEINE Geburt,
denn in IHM wird der Tod dem Leben übergeben. Sieh
die neu gemachte Welt, die strahlt voll Hoffnung auf
die Liebe und Vergebung. GOTTES ARM umfängt
die Herzen nun, die in des Winters Kälte zitterten.

ANHANG

Friedrich Nietzsche »Von den drei Verwandlungen«

Drei Verwandlungen nenne ich euch des Geistes: wie der Geist zum Kamele wird, und zum Löwen das Kamel, und zum Kinde zuletzt der Löwe.

Vieles Schwere gibt es dem Geiste, dem starken, tragsamen Geiste, dem Ehrfurcht innewohnt: Nach dem Schweren und Schwersten verlangt seine Stärke.

Was ist schwer? so fragt der tragsame Geist, so kniet er nieder, dem Kamele gleich, und will gut beladen sein.

Was ist das Schwerste, ihr Helden? so fragt der tragsame Geist, dass ich es auf mich nehme und meiner Stärke froh werde.

Ist es nicht das: sich erniedrigen, um seinem Hochmut wehe zu tun? Seine Torheit leuchten lassen, um seiner Weisheit zu spotten?

Oder ist es das: von unserer Sache scheiden,

wenn sie ihren Sieg feiert? Auf hohe Berge steigen, um den Versucher zu versuchen?

Oder ist es das: sich von Eicheln und Gras der Erkenntnis nähren und um der Wahrheit willen an der Seele Hunger leiden?

Oder ist es das: krank sein und die Tröster heimschicken und mit Tauben Freundschaft schließen, die niemals hören, was du willst?

Oder ist es das: in schmutziges Wasser steigen, wenn es das Wasser der Wahrheit ist, und kalte Frösche und heiße Kröten nicht von sich weisen?

Oder ist es das: die lieben, die uns verachten, und dem Gespenste die Hand reichen, wenn es uns fürchten machen will?

Alles dies Schwerste nimmt der tragsame Geist auf sich: dem Kamele gleich, das beladen in die Wüste eilt, also eilt er in seine Wüste.

Aber in der einsamsten Wüste geschieht die zweite Verwandlung: Zum Löwen wird hier der Geist, Freiheit will er sich erbeuten und Herr sein in seiner eignen Wüste.

Seinen letzten Herrn sucht er sich hier: Feind will er ihm werden und seinem letzten Gotte, um Sieg will er mit dem großen Drachen ringen.

Welches ist der große Drache, den der Geist nicht mehr Herr und Gott heißen mag? »Du-sollst« heißt der große Drache. Aber der Geist des Löwen sagt: »Ich will.«

»Du-sollst« liegt ihm am Wege, goldfunkelnd, ein Schuppentier, und auf jeder Schuppe glänzt golden: »Du sollst!«

Tausendjährige Werte glänzen an diesen Schuppen, und also spricht der mächtigste aller Drachen: »Aller Wert der Dinge – der glänzt an mir.«

»Aller Wert ward schon geschaffen, und aller geschaffene Wert – das bin ich. Wahrlich, es soll kein ›Ich will‹ mehr geben!« Also spricht der Drache.

Meine Brüder, wozu bedarf es des Löwen im Geiste? Was genügt nicht das lastbare Tier, das entsagt und ehrfürchtig ist?

Neue Werte schaffen – das vermag auch der Löwe noch nicht; aber Freiheit sich schaffen zu neuem Schaffen – das vermag die Macht des Löwen.

Freiheit sich schaffen und ein heiliges Nein auch vor der Pflicht: dazu, meine Brüder, bedarf es des Löwen.

Recht sich nehmen zu neuen Werten – das ist das furchtbarste Nehmen für einen tragsamen und ehrfürchtigen Geist. Wahrlich, ein Rauben ist es ihm und eines raubenden Tieres Sache.

Als sein Heiligstes liebte er einst das »Du-sollst«: Nun muss er Wahn und Willkür auch noch im Heiligsten finden, dass er sich Freiheit raube von seiner Liebe: des Löwen bedarf es zu diesem Raube.

Aber sagt, meine Brüder, was vermag noch das Kind, das auch der Löwe nicht vermochte? Was muss der raubende Löwe auch noch zum Kinde werden?

Unschuld ist das Kind und Vergessen, ein Neubeginnen, ein Spiel, ein aus sich rollendes Rad, eine erste Bewegung, ein heiliges Ja-Sagen.

Ja, zum Spiele des Schaffens, meine Brüder, bedarf es eines heiligen Ja-Sagens: *Seinen* Willen will nun der Geist, *seine* Welt gewinnt sich der Weltverlorene.

Drei Verwandlungen nannte ich euch des Geistes: wie der Geist zum Kamele ward, und zum Löwen das Kamel, und der Löwe zuletzt zum Kinde. –

Also sprach Zarathustra.

Helen Schucman
»Jesusgebet*«

Ein KIND, ein MANN und dann ein REINER GEIST,
o komm
in DEINER ganzen Schönheit. Leuchtest DU
nicht auf mein Leben, ist's für DICH verlorn,
und was für DICH verloren ist, das ist es auch für
mich.

Ich weiß nicht recht, weshalb ich hier bin, eins
nur weiß ich: Ich kam her, um DICH
zu suchen und zu finden. Und in DEINEM Leben
zeigst
DU mir den Weg zu meinem ewigen Zuhaus.

Ein Kind, ein Mann und dann ein reiner Geist.
So folge ich dem Weg, den DU mir zeigst,
damit ich endlich werde so wie DU.
Was sonst als DIR gleich möchte ich denn sein?

---

* *Die Gaben Gottes*, a.a.O., S. 78.

Und eine Stille ist, in der DU zu mir sprichst
und Worte gibst der Liebe, die für DICH
ich denen sagen soll, die DU mir schickst. Ich bin
gesegnet, weil ich DICH in ihnen strahlen seh.

Kein Dank, den ich DIR sagen könnte, ist genug
für solch Geschenk. Der Strahlenkranz um DEINEN
Kopf
muss für mich sprechen; ich verstumm
an DEINER sanften Hand, die meine Seele lenkt.

Ich nehme DEINE Gabe an in heilge Hände, denn
DU hast
mit DEINEN eignen sie gesegnet. Kommt, ihr Brüder, seht,
wie gleich ich CHRISTUS bin und euch,
die ER gesegnet hat und trägt als eins mit mir.

Du zeigst mir ein vollkommnes Bild all dessen, was
ich sein kann, dass ich DEINER Brüder Sicht
erneuern helfe, die versagt. Und schauen sie
dann auf, lass sie nicht mich erblicken, sondern
DICH allein.

Ein Kurs in Wundern »Die Entwicklung des Vertrauens*«

Die sechs Phasen der spirituellen Entwicklung eines fortgeschrittenen Lehrers GOTTES

Zuerst müssen sie [die Lehrer GOTTES] etwas durchlaufen, das eine »Phase des Aufhebens« genannt werden könnte. Das braucht nicht schmerzhaft zu sein, wird aber gewöhnlich so erfahren. Es scheint, als würden Dinge weggenommen, und anfangs wird selten verstanden, dass lediglich ihr Mangel an Wert begriffen wird. Wie kann ein Mangel an Wert wahrgenommen werden, es sei denn, der Wahrnehmende ist in einer Lage, in der er die Dinge in einem anderen Licht sehen muss? Er ist noch nicht an einem Punkt, an dem er den Wechsel gänzlich im Innern vollziehen kann. Und somit wird der Plan manchmal Veränderungen in dem

---

* Aus dem »Handbuch für Lehrer«, H-4.I.3-7.

hervorrufen, was äußere Umstände zu sein scheinen. Diese Veränderungen sind immer hilfreich. Wenn der Lehrer GOTTES so viel gelernt hat, geht er zum zweiten Stadium über.

Als Nächstes muss der Lehrer GOTTES durch eine »Phase des Aussortierens« gehen. Das ist immer etwas schwierig, weil er, da er gelernt hat, dass die Veränderungen in seinem Leben stets hilfreich sind, nun alle Dinge aufgrund dessen entscheiden muss, ob sie das Hilfreiche mehren oder hindern. Er wird feststellen, dass viele, wenn nicht die meisten Dinge, denen er vorher Wert beigemessen hatte, lediglich seine Fähigkeit behindern, das, was er gelernt hat, auf jeweils neue Situationen zu übertragen. Weil er dem Wert beigemessen hat, was wirklich wertlos ist, wird er die Lektion aus Angst vor Verlust und Opfer nicht verallgemeinern. Es bedarf beträchtlichen Lernens, um zu verstehen, dass alle Dinge, Geschehnisse, Begegnungen und Umstände hilfreich sind. Nur in dem Maß, in dem sie hilfreich sind, sollte ihnen irgendein Grad von Wirklichkeit in dieser Welt der Illusion beigemessen werden. Das Wort »Wert« kann sich auf nichts anderes beziehen.

Die dritte Stufe, die der Lehrer GOTTES durchlaufen muss, kann als eine »Phase des Aufgebens« bezeichnet werden. Wenn dies als Aufgeben von Wünschenswertem gedeutet wird, wird es enorme Konflikte erzeugen. Wenige Lehrer GOTTES entrinnen völlig dieser Not. Es hat allerdings keinen Sinn, das Wertvolle vom Wertlosen zu trennen, wenn nicht der nächste offensichtliche Schritt getan wird. Deshalb ist es wahrscheinlich, dass die Phase der Überschneidung eine Zeit ist, in der der Lehrer GOTTES sich dazu aufgerufen fühlt, das, was zu seinem Besten ist, für die Wahrheit zu opfern. Es ist ihm bis jetzt noch nicht klar geworden, wie gänzlich unmöglich eine solche Forderung wäre. Er kann das nur lernen, indem er das Wertlose tatsächlich aufgibt. Dadurch lernt er, dass er dort, wo er Gram erwartete, stattdessen eine glückliche Unbeschwertheit findet, und dort, wo er dachte, etwas werde von ihm verlangt, eine Gabe findet, die ihm verliehen wird.

Jetzt folgt eine »Phase des Zur-Ruhe-Kommens«. Das ist eine ruhige Zeit, in der der Lehrer GOTTES für eine Weile einigermaßen in Frieden ruht. Jetzt festigt er sein Lernen. Jetzt beginnt er den Übertragungswert dessen zu sehen, was er gelernt hat. Dessen Potenzial ist buchstäblich umwerfend, und der Lehrer GOTTES ist jetzt in seinem Fortschreiten an dem Punkt angelangt, an dem er darin seinen ganzen Ausweg sieht. »Gib auf, was du nicht willst, und bewahre, was du willst.« Wie einfach ist das Offensichtliche! Und wie leicht auszuführen! Der Lehrer GOTTES braucht diese Atempause. Er ist noch nicht so weit gekommen, wie er denkt. Doch wenn er bereit ist, weiterzugehen, geht er mit mächtigen Gefährten an seiner Seite. Jetzt ruht er eine Weile und sammelt sie um sich, bevor er weitergeht. Er wird von hieran nicht alleine gehen.

Die nächste Stufe ist fürwahr eine »Phase des Ins-Wanken-Bringens«. Jetzt muss der Lehrer GOTTES verstehen, dass er nicht wirklich wusste, was wertvoll und was wertlos war. Alles, was er bis jetzt wirklich gelernt hatte, war, dass er das Wertlose nicht wollte und dass er das Wertvolle wollte. Doch sein eigenes Aussortieren war bedeutungslos dafür, ihn den Unterschied zu lehren. Die Idee des Opferns, so zentral für sein eigenes Denksystem, hatte es ihm unmöglich gemacht, zu urteilen. Er dachte, er habe Bereitwilligkeit gelernt, doch jetzt sieht er, dass er nicht weiß, wofür die Bereitwilligkeit ist. Und jetzt muss er einen Zustand erlangen, der möglicherweise für eine lange, lange Zeit unerreichbar bleiben wird. Er muss lernen, alles Urteilen wegzulegen und nur um das zu bitten, was er in jeder Situation wirklich will. Würde nicht jeder Schritt in diese Richtung so nachdrücklich verstärkt, wäre es fürwahr schwierig!

Und schließlich gibt es eine »Phase der Vollendung«. Genau hier wird das Lernen gefestigt. Jetzt wird das, was vorher als bloße Schatten gesehen wurde, zu einem soliden Gewinn, auf den man in allen »Notfällen« ebenso wie in ruhigen Zeiten zählen kann. In der Tat ist Seelenruhe ihr Resultat: das Ergebnis des ehrlichen Lernens, der Konsequenz im Denken und der vollständigen Übertragung des Gelernten. Das ist das Stadium wirklichen Friedens, denn hier wird der Zustand des HIMMELS völlig widergespiegelt. Von hieraus ist der Weg zum HIMMEL offen und leicht. Tatsächlich ist er hier. Wer würde irgendwohin »gehen« wollen, wenn der Seelenfrieden bereits vollständig ist? Und wer würde die Seelenruhe gegen etwas Wünschenswerteres einzutauschen suchen? Was könnte wünschenswerter sein als dies?

Hinweis zum Lesen der Zitatangaben

Stellen aus *Ein Kurs in Wundern* werden in folgender Weise zitiert, mit einem Beispiel zu jedem Teil des Kurses:

T-26.IV.4: 7
Satz
Absatz
Abschnitt
Kapitel
Textbuch

Ü-I.169.5:2
Satz
Absatz
Lektion
Teil I
Übungsbuch

H-13.3:2
Satz
Absatz
Frage
Handbuch für Lehrer

B-4.6:7
Satz
Absatz
Begriff
Begriffsbestimmung

Abkürzungen für *Ein Kurs in Wundern*:

T:	Textbuch	Wdh.:	Wiederholung (im Übungsbuch)
Ü:	Übungsbuch		
H:	Handbuch für Lehrer	LL:	Letzte Lektionen (im Übungsbuch)
B:	Begriffsbestimmung		
Einl.:	Einleitung	Ep.:	Epilog

Index der Zitate und Textstellen aus *Ein Kurs in Wundern*

* Angegeben ist jeweils die Seite, auf der sich die Quellenangabe befindet oder das Zitat endet.

Übungsbuch

Handbuch für Lehrer

Über den Autor

Kenneth Wapnick (1942–2013) promovierte 1968 in klinischer Psychologie an der Adelphi-Universität. Er war ein enger Freund von Helen Schucman und William Thetford, den beiden Menschen, deren Verbindung die Niederschrift von *Ein Kurs in Wundern* unmittelbar auslöste. Neben seiner Arbeit als Psychologe und Therapeut redigierte er gemeinsam mit Helen, die den *Kurs* niedergeschrieben hat, von 1973 bis 1975 das Typoskript und brachte es zur Druckreife.

Helen Schucman und Kenneth Wapnick, 1976

Kenneth Wapnicks Leben und Arbeit waren dem Inhalt von *Ein Kurs in Wundern* gewidmet. Er war ein systematischer Denker, stellte die Gemeinsamkeiten und Unterschiede zwischen *Ein Kurs in Wundern* und dem traditionellen Christentum heraus und bettete den *Kurs* in die großen Denkströmungen unserer Zeit ein. Meisterhaft vermittelt er die Botschaft dieses bedeutenden geistigen Werkes nicht nur in ihrer spirituellen, sondern auch in ihrer ganzen philosophischen und psychologischen Dimension.

Sein umfangreiches Gesamtwerk ist für das Verständnis von *Ein Kurs in Wundern* ebenso grundlegend wie richtungsweisend. Es hilft Menschen in aller Welt, den *Kurs* in seiner vollen Tiefe zu verstehen und im täglichen Leben praktisch anzuwenden.

Die Foundation for »A Course in Miracles«

Zusammen mit seiner Frau Gloria gründete Kenneth Wapnick 1983 die »Foundation for A Course in Miracles« (Stiftung für *Ein Kurs in Wundern*). 1988 erweiterten sie die Foundation zu einem Akademie- und Seminarzentrum, das 1995 ein staatlich anerkanntes Lehrinstitut wurde. Seit 2001 hat die Foundation, die Rechte-Inhaberin für *A Course in Miracles,* ihren Sitz in Temecula in Kalifornien.

Kenneth und Gloria Wapnick, 1993

Kenneth und Gloria Wapnick waren von Plato (und seinem Lehrer Sokrates) inspiriert, sowohl vom Menschen als auch von seinen Lehren. Platos Akademie war ein Ort, wohin geistig interessierte Menschen kamen, um seine Philosophie in einer dafür geeigneten Atmosphäre zu studieren. Dann kehrten sie in ihren Alltag zurück, um die Lehren des großen Philosophen in ihr Leben zu integrieren.

Angelehnt an die antike Philosophenschule möchte die Foundation Schüler von *Ein Kurs in Wundern* bei der Anwendung seines Denksystems in ihrem Leben unterstützen. Dabei wird großer Wert auf eine sorgfältige Darlegung der Theorie dieses bedeutenden geistigen Werkes gelegt. Eines der wesentlichen Ziele ist es, den Prozess zu erleichtern, durch den einzelne Menschen die Erfahrung machen, dass Liebe ihre wahre Essenz ist.

Nähere Informationen (in englischer Sprache) zu den umfangreichen Publikationen und Veranstaltungen sind direkt bei der Foundation erhältlich:

Foundation for »A Course in Miracles«
41397 Buecking Drive
Temecula, CA 92 590-5668
USA
www.facim.org

Weitere Literatur aus dem Greuthof Verlag:

EIN KURS IN WUNDERN®

Ein Kurs in Wundern ist aufgrund seiner Synthese von zeitlosen geistigen Einsichten und wesentlichen psychologischen Erkenntnissen einzigartig unter den spirituellen Traditionen der Welt. Er weist uns einen Weg zu innerem Frieden, zu einem Dasein, das in der Welt, aber nicht von der Welt ist.

Der Kurs ist nicht als Grundlage für eine neue Religion, Bewegung oder Vereinigung gedacht. Vielmehr dient er unabhängig von äußeren Autoritäten dem Selbststudium. Er richtet sich an Menschen, die nach einer friedlicheren Betrachtungsweise für ihr Leben und ihren Alltag suchen.

Das Werk besteht aus dem Textbuch, dem Übungsbuch und dem Handbuch für Lehrer. Im Textbuch werden die Konzepte dargelegt, auf denen das Denksystem des Kurses gründet. Die darin enthaltenen Gedanken stellen die Grundlage für die 365 Lektionen des Übungsbuches dar, bei denen das Hauptgewicht auf der täglichen Erfahrung durch die Anwendung liegt. Das Handbuch für Lehrer gibt Antworten auf viele Fragen, die sich beim Studium ergeben.

1320 Seiten, gebunden, 10. Auflage

DIE ERGÄNZUNGEN ZU *EIN KURS IN WUNDERN*

Psychotherapie: Zweck, Prozess und Praxis

Das Lied des Gebets: Gebet, Vergebung, Heilung

Die beiden Schriften dieses Bandes entstanden im Nachklang zu *Ein Kurs in Wundern* und wurden auf die gleiche Weise wie der Kurs übermittelt und niedergeschrieben.

»Psychotherapie: Zweck, Prozess und Praxis« enthält für Fachleute und Laien gleichermaßen neue und aufschlussreiche Einsichten über das Wesen von Therapie und ihre Beziehung zur Spiritualität.

»Das Lied des Gebets« wirft ein neues Licht auf die wichtige Frage, worin wahres Gebet besteht. Die verschiedenen Stufen des Gebets – von seinen anfänglichen Formen bis hin zur Vollendung – werden erläutert. Überdies wird die enge Verbindung zwischen Gebet, Vergebung und Heilung wohltuend spürbar.

105 Seiten, 6. Auflage

Kenneth Wapnick

DIE BOTSCHAFT VON *EIN KURS IN WUNDERN*

Mit seiner eingehenden Erörterung aller Aspekte der Lehre von *Ein Kurs in Wundern* legt Kenneth Wapnick den Grundstein dazu, die kraftvolle Botschaft dieses bedeutenden geistigen Werkes für uns spürbar zu machen. Wir erhalten wesentliche Einsichten in den Prozess, den der spirituelle Weg des Kurses darstellt. Darüber hinaus wird deutlich, wie heilsam und hilfreich die praktische Anwendung seiner Grundsätze in allen Lebensbereichen ist.

Wir lernen auch die philosophischen und psychologischen Aussagen des Kurses kennen und seine ideengeschichtlichen Parallelen zu Plato, den Lehren der Gnostiker sowie zum Werk Sigmund Freuds.

Sanft und mit großer Weisheit wird uns die spirituelle Leiter gezeigt, die uns nach Hause zurückführt. Ein meisterhaftes Buch, dem zu Recht die Stellung als Standardwerk zum Verständnis von *Ein Kurs in Wundern* zukommt.

604 Seiten, gebunden, 3. Auflage

Kenneth Wapnick

EINFÜHRUNG IN *EIN KURS IN WUNDERN*

Betrachtungen über einen anderen Weg zum inneren Frieden

Die Weisheit und Liebe, die aus den Zeilen des Kurses dringen, berühren uns, doch oft bleibt uns ihr tiefer Sinn verborgen.

Kenneth Wapnick war eng mit der Veröffentlichung von *Ein Kurs in Wundern* verbunden und gilt weltweit als dessen bester Kenner. Nach einer kurzen Erläuterung der Entstehungsgeschichte führt uns der promovierte Psychologe und Therapeut sehr klar und verständlich in die wichtigsten Grundprinzipien dieses außergewöhnlichen Werkes ein.

Behutsam lässt er die Lehre des Kurses lebendig werden und zeigt, wie wir sie sinnvoll in unseren Alltag integrieren können.

Die *Einführung* ist das ideale »Sprungbrett« zu einem fundierten Verständnis von *Ein Kurs in Wundern.*

153 Seiten, 14. Auflage

Kenneth Wapnick

DIE ESSENZ VON *EIN KURS IN WUNDERN*

Anhand des Abschnitts »Was er besagt« aus dem Vorwort von *Ein Kurs in Wundern*, das wie eine Art Ouvertüre die wesentlichen Themen anklingen lässt, die später zur Entfaltung gelangen, gibt uns der Autor einen Überblick über die zentralen Aussagen des Kurses.

Die Klarheit der Darstellung bietet fortgeschrittenen Kursstudenten nicht nur eine Vertiefung und Bereicherung ihres Verständnisses, sondern ermutigt auch zu einer Haltung der Demut, des Staunens und der Bescheidenheit vor der Weisheit dieses bedeutenden geistigen Werkes.

Kenneth Wapnick bringt uns in prägnanter Weise die Kernaussagen von *Ein Kurs in Wundern* nahe.

172 Seiten, broschiert

Gloria und Kenneth Wapnick

DER HIMMEL HAT KEIN GEGENTEIL

Die wichtigsten Fragen zu *Ein Kurs in Wundern*

Das Studium von *Ein Kurs in Wundern* führt nicht nur zu überraschenden Einsichten, es wirft oft auch eine Reihe von brennenden Fragen auf, wie zum Beispiel:

Was ist das Wesen Gottes? Wie sind Welt und Körper entstanden? Was bedeutet Erleuchtung? Warum müssen wir Jesus vergeben? Wie sollte man dem Kurs zufolge Kinder erziehen? Wie finde ich den richtigen Therapeuten? In welcher Beziehung steht der Kurs zu anderen spirituellen Wegen?

Diese und viele andere Fragen beantworten die beiden Autoren mit großer menschlicher und psychologischer Kompetenz. Durch ihre umfassende Kurserfahrung geben sie uns entscheidende Impulse, mit denen wir unser Verständnis dieses bedeutenden geistigen Lehrwerks vertiefen können und neue Kraft für unser Leben und unseren Alltag gewinnen.

201 Seiten, 4. Auflage

Kenneth Wapnick

WUNDER ALS WEG

Die 50 Grundsätze der Wunder in *Ein Kurs in Wundern*

Die 50 Grundsätze der Wunder bilden den Auftakt zu *Ein Kurs in Wundern*. Sie enthalten im Keim bereits die ganze Lehre des Kurses.

Kenneth Wapnick erläutert Schritt für Schritt jeden einzelnen Grundsatz und geht ausführlich auf wichtige Fragen ein. Es wird deutlich, dass Wunder nicht die äußeren Umstände verändern, sondern unsere falsche Wahrnehmung von uns selbst und der Welt berichtigen. Wunder, so sagt der Kurs, sind Manifestationen von Liebe, die sowohl dem Empfänger als auch dem Gebenden mehr Liebe schenken.

Der Leser erhält einen tiefen Einblick in das Denksystem von *Ein Kurs in Wundern* und erfährt, wie man Wunder in das tägliche Leben einfließen lassen und zum inneren Frieden finden kann.

191 Seiten, 5. Auflage

Gloria und Kenneth Wapnick

VOM TRAUM ERWACHEN

Ein Kurs in Wundern – Anfang und Ende der Traumwelt

Aus der Welt von Raum und Zeit werden wir auf eine Entdeckungsreise in unser geistiges Sein mitgenommen. In eindrucksvollen Bildern ersteht vor uns eine bisher vergessene Wirklichkeit, in der alle Getrenntheit aufgehoben ist.

Wer sind wir wirklich? Wie kommt es, dass wir uns immer wieder mit Problemen konfrontiert und von ihnen bedroht sehen? Wozu das alles, und wo liegt der Ausweg?

Anhand eines bewegenden visionären Erlebnisses der Autorin erläutern Gloria und Kenneth Wapnick gemeinsam die Metaphysik von *Ein Kurs in Wundern*. Sie verstehen es meisterhaft, den Kurs darzulegen und uns einen unmittelbaren Zugang zu seiner Lehre zu vermitteln.

In *Vom Traum erwachen* erfahren wir *Ein Kurs in Wundern* aus einer neuen Sichtweise.

183 Seiten

Kenneth Wapnick

JENSEITS DER GLÜCKSELIGKEIT

Das Leben Helen Schucmans und die Niederschrift von *Ein Kurs in Wundern*

Helen Schucman, eine angesehene Psychologieprofessorin, zeichnete in einem siebenjährigen Prozess *Ein Kurs in Wundern* auf. In den letzten Jahren ihres Lebens begleitete Kenneth Wapnick Helen und die Veröffentlichung des Kurses. Ihm vertraute sie ihr geistiges Erbe an. So wurde er zum besten Kenner von *Ein Kurs in Wundern* und erhielt Einsicht in ihr Leben wie kein anderer.

In *Jenseits der Glückseligkeit* schildert Kenneth Wapnick die faszinierende Lebensgeschichte Helens und eröffnet uns einen authentischen Einblick in die ungewöhnliche Entstehung dieses bedeutenden Werkes.

Mit vielen dokumentarischen Fotos und bisher noch nicht veröffentlichten Übermittlungen ist diese aus dem Herzen geschriebene Biografie eine fesselnde Lektüre, die zutiefst berührt.

571 Seiten, gebunden

Helen Schucman

DIE GABEN GOTTES

Ein Kleinod religiöser Lyrik, das Himmel und Erde verbindet

Das Leben von Helen Schucman, die der Welt das bedeutende geistige Werk *Ein Kurs in Wundern* geschenkt hat, wurde durch eine brennende Sehnsucht nach Gott geprägt. Aus Sorge um ihren Ruf als Wissenschaftlerin – sie war Psychologieprofessorin an der renommierten Columbia-Universität in New York – verbarg sie dieses tief innere Sehnen jedoch sorgfältig vor der Welt.

Ihre zeitlosen Gedichte sind ein bewegender Ausdruck ihrer starken Verbindung zu Gott und Jesus. Mit ihrer feinen poetischen Melodie bringen sie eine innere Saite zum Klingen, die bei vielen darauf wartet, wieder gehört zu werden.

In dieser außergewöhnlichen Sammlung religiöser Lyrik finden wir ein breit gefächertes Spektrum höchst inspirierender Gedichte: von Anlässen wie Geburtstag und Namenstag über die großen Jahresfeste Ostern und Weihnachten bis hin zu solch seltenen und kostbaren Zeugnissen spirituellen Erlebens, die uns mit der Tiefe unserer eigenen Seele in Kontakt bringen.

Die Gaben Gottes atmen die Gegenwart Jesu und sind von einer ergreifenden Authentizität, die unmittelbar zu Herzen geht.

126 Seiten, gebunden

Kenneth Wapnick

ELTERN UND KINDER – LASSEN UND GELASSEN SEIN

Reihe »*Ein Kurs in Wundern* in der Praxis«

Lassen und gelassen sein – hierin liegen mit all ihren reichhaltigen Facetten die wichtigsten Entwicklungschancen der wohl ausgeprägtesten Beziehungen unseres Lebens.

Es sind Verbindungen, die aus der Sicht von Eltern zu ihren Kindern und von Kindern zu ihren Eltern mit meist sehr entscheidenden Inhalten gefüllt werden. Auch wenn Kinder sich um ihre älter gewordenen Eltern kümmern und eine weitere Stufe der Verantwortung erreichen, kann die ganze Vielfalt dieser Beziehungsmuster wieder zutage treten.

Kenneth Wapnick eröffnet uns durch die bewusste Anwendung der Sicht von *Ein Kurs in Wundern* andere Dimensionen des Verstehens und ermöglicht es uns, als Eltern und Kinder neu aufzuatmen.

221 Seiten

Kenneth Wapnick

DIE HEILENDE KRAFT DER GÜTE

Reihe »*Ein Kurs in Wundern* in der Praxis«

Güte ist einer der wichtigsten spirituellen Grundsätze und das heilende Fundament, auf dem die Lehren von *Ein Kurs in Wundern* beruhen. Sie spiegelt unser Einssein miteinander und führt uns zur Quelle des inneren Friedens. Güte drückt sich in dieser Welt in einer von Freundlichkeit, Geduld und Nichturteilen getragenen Haltung aus. Kenneth Wapnick, promovierter Psychologe und weltweit bester Kenner von *Ein Kurs in Wundern*, zeigt uns anhand ausgewählter Kurspassagen und vieler Beispiele aus dem Alltag, wie wir zu einer gütigen Einstellung uns selbst und anderen gegenüber finden.

Wir erhalten inspirierende und heilsame Impulse, die uns ermutigen, das Licht der Güte in unserem eigenen Leben leuchten zu lassen.

140 Seiten